相手の
心を動かす
最高の伝え方

非効率思考

非効率家／書籍PR
黒田 剛
GOU KURODA

KODANSHA

非効率だから、
うまくいく！

ベストセラーを作る法則はあるのだろうか？

僕にはわからない。

ただ、ベストセラーに限りなく近づくための方法は知っている。

それは、ベストセラーを出したことがある人に、

そのときに見た〝景色〟を聞きに行くことだ。

ベストセラーという島があるとしたら、

そこにたどり着いたことがある人を探して聞いて回る。

どんな準備をして出発したのか。

旅の途中に何が見えて、どんな人に出会って、
どんな問題が起こったのか。
どんなふうにトラブルを乗り越えて、島にたどり着いたのか。

必要な持ち物がわかったら、あとは準備をするだけだ。
やるべきことは膨大かもしれない。
けれど、周囲を駆け回って、集められるものはすべて集める。
時間がある限り、最後の最後まで徹底的に集め切る。
僕ができるのは、やれることを全部やり切ることだけだ。

今は、とにかく急かされる時代だ。

求められるのは、
最短ルートで迅速に結果を出すこと。

ネット検索、AIなどにより、簡単に
「これさえやっておけばいい」
という答えにたどり着くことができる。

だが、そこで得た答えで、
本当に求めている結果に
たどり着けているのだろうか。

早く答えが出せる時代だからこそ、
失敗や寄り道をすることが
難しい時代になっている。

みんな、失敗を受け入れる余裕が
どんどんなくなってきている。

でも、もし答えが
最初から決まっているなら、
僕がやる意味はないのではないか。

簡単に答えを求めるのではなく、
知恵をしぼり、試行錯誤しながら道を切り開いていく。

「答えのないプロセス」を楽しみながら挑戦し、
失敗しながら、最適な方法を探り出す。

これが、仕事の醍醐味なのではないだろうか。

「これさえやっておけばいい」という言葉から
こぼれ落ちてしまう場所にこそ、
僕は、「書籍ＰＲ」という自分の仕事があるのだと思っている。

著者や編集者1人ひとりの話を聞き、
テレビ、ウェブ、新聞、ラジオ、雑誌といった
メディアの人たち1人ひとりに提案していく。
そういう仕事を1つひとつ大切にしてきたからこそ、
「黒田さんのおかげです!」と
感謝されることが増えてきたのだと思う。

その積み重ねで、30万部、50万部といった
ベストセラーを手がけることが
できたのだとも思っている。

最短ルートではないかもしれない。

けれど、本当に大きな成果が生まれるのは、
失敗を重ね、壁にぶつかり、
遠回りをして紆余曲折を経験したときが多い。

本当のゴールにたどり着くためには、
あえて寄り道をして、
思いもしない景色と出合ったり、
知り合った人と言葉を尽くして交流したりして、
道草を楽しむくらいがちょうどいい。

人からは「非効率だね」と言われてしまうような
そんな考え方、やり方に僕は、
「**非効率思考**」と名づけてみた。

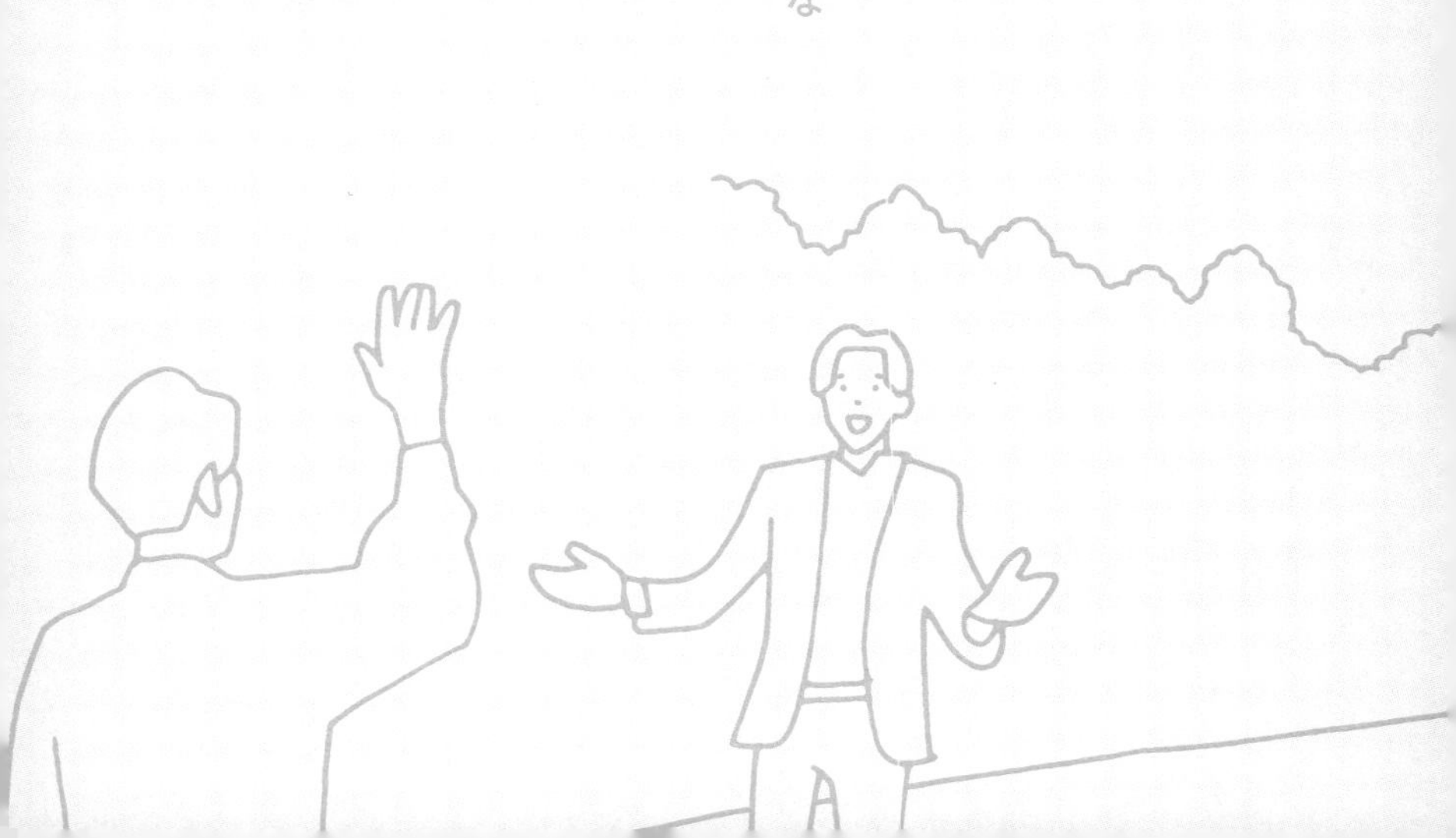

それでは、ここで問題だ。

今、あなたは大切なお客さんと
エレベーターに乗っている。

目的の階は12階。到着まで約15秒。

この15秒、あなたなら何をするだろうか?

①
他の人もいるから、
あえて何も話さない。

②
沈黙が気まずいので、
無難に天気の話をする。

③
少しでも相手の気分を
上げるために、
服装をほめる。

PRを生業とする僕にとって、
エレベーターの中のこの15秒はとても貴重だ。

「短すぎて話を最後までできないから、
落ち着いたタイミングで話そう」
と考える人もいるだろう。

けれど、そう考える人は、
エレベーター以外のどんな場面でも、
話を切り出すことのできないまま
終わる可能性が高い。

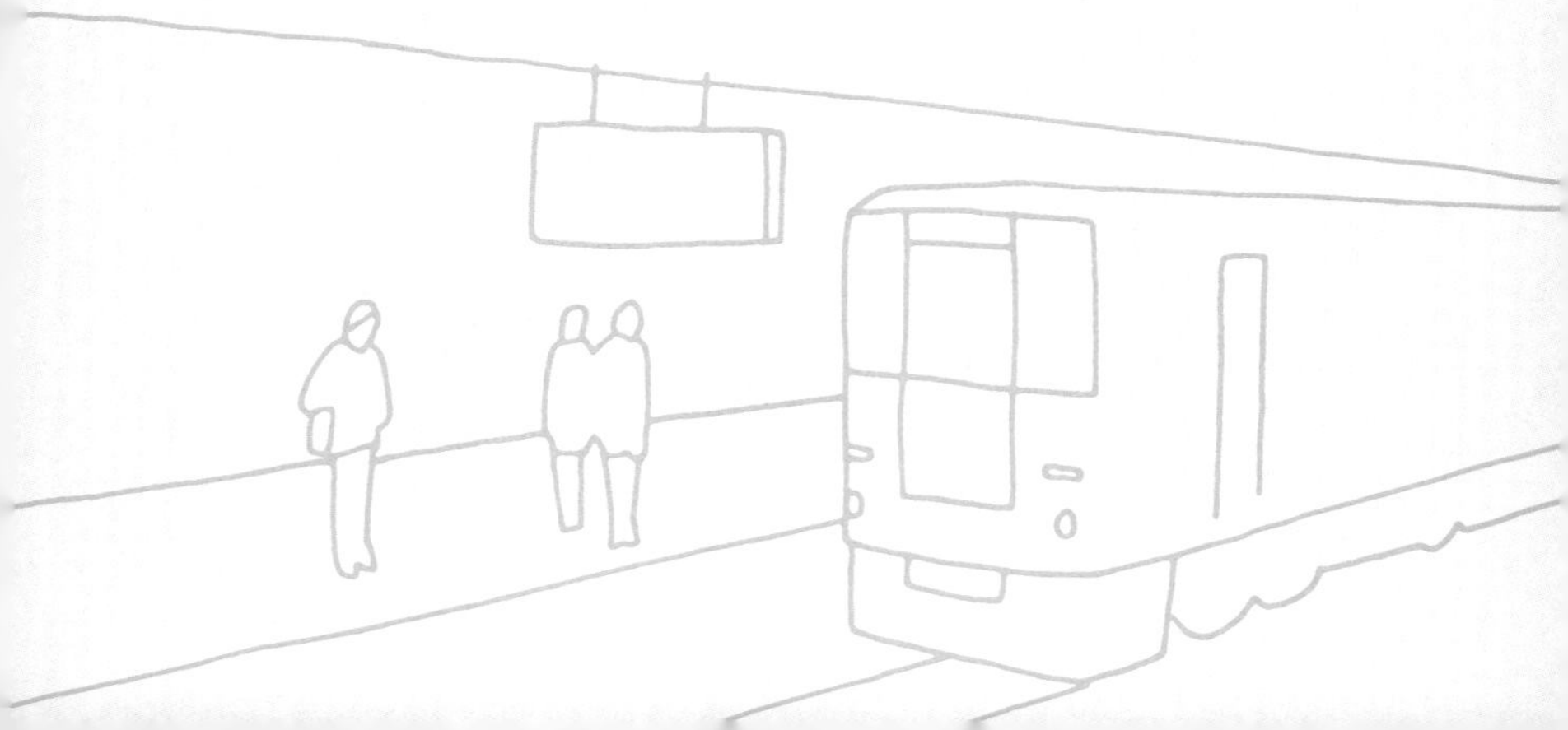

誰かに「何かを伝えたい」と強く思うと、
「今だ！　今しかない！」という瞬間が訪れる。

それは、エレベーターの中、
駅のホーム、偶然すれ違う道端
――どんな状況でも、突然やってくる。

計画通りに会議室で
その瞬間が訪れることはないのだ。

では、その大切な瞬間に、
あなたが「本当に伝えたいこと」を
効果的に伝える準備はできているだろうか？

なんの取り柄もなかった僕が、
たくさんのベストセラーを
手がけられるようになったのは、
この準備の仕方を手に入れたからだ。

その準備は、遠回りかもしれない。
非効率かもしれない。

けれど、この非効率なやり方が、
結局いちばんうまくいくのだ。
特別な才能が必要な話ではない。
誰にでも実践できる
シンプルな考え方、やり方だ。
この本では、その方法をお伝えする。

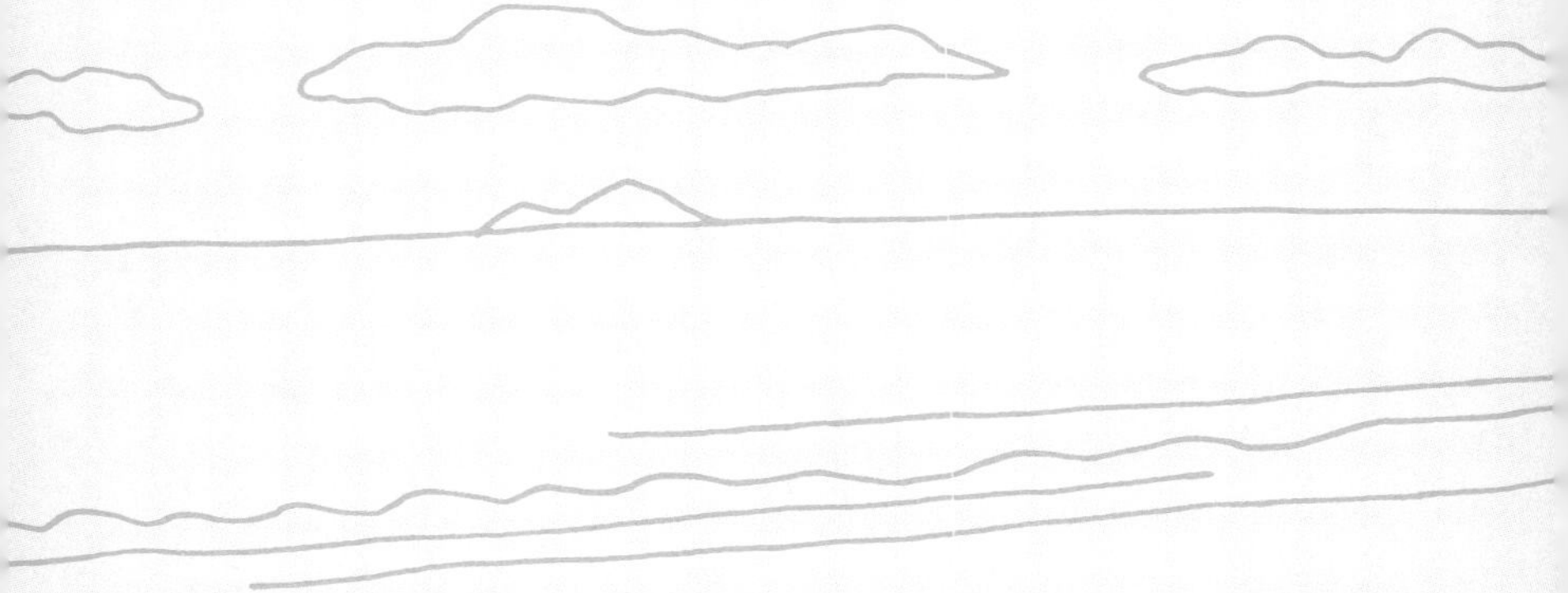

さあ、あなたも
非効率な冒険を
始めてみよう。

★エレベーターの問題の答えは、第２章に。

相手の心を動かす最高の伝え方

非効率思考

はじめに
～契約ゼロの営業マンだった僕が、ヒット連発の書籍PRになれた理由

この本が生まれた理由

この本を手に取ってくださった方の多くは、これまで「もっと効率よく仕事しなければ」と試行錯誤したり、「もっと効率よくできないの?」と人に言われたりした経験をお持ちなのではないだろうか。

「非効率なこと」は一般に、よくないこと、仕事から排除されるべきこと、と捉えられている。たいていの人や会社は、いかに効率的に作業をして生産性を上げるか、ということを重視しているようだ。

ただ、書籍PRという仕事を始めて18年。僕の仕事のやり方を紹介してくれた1本の記事に、大変大きな反響があった。無我夢中で続けてきた独自の営業スタイルについての記事が、出版業界だけでなく、思いがけずさまざまな人たちに読まれた。

そのなかでいちばん多かった感想がこれだった。

「効率の悪いことが、結局いちばん効率がいいんですね」

どうやら僕の仕事のやり方は、一般的なタイムパフォーマンス、コストパフォーマンスを重視した「効率のよい仕事のやり方」とは違うようなのだ。

僕自身は自ら「非効率に仕事をしよう」と思ったことはけっしてない。ただ、周りからはそう見えるようだ。

たしかに、僕がお願いしている税理士さんにもよく「黒田さんの仕事のやり方は効率が悪すぎる」と怒られている。

立派なコンサルティング会社の人が見たら、血相を変えて「やめろ！」と言うようなやり方かもしれない、とも思う。

1人ひとりとのコミュニケーションにものすごく手間ひまをかける。この非効率さが、結果として高確率で仕事の成功につながっている。それが「効率の悪いことが、結局いちばん効率がいいんですね」という感想を生んでいるのだと思う。

そしてどういうわけか、そんな「**非効率なのになぜかうまくいく**」僕の仕事のやり方を教えてほしい、とお願いされるようになり、今では、僕の話を聞きに来てくれる人が、僕1人では対応しきれないくらいに増えてしまったのだ。

これが、僕がこの本を書くことになったきっかけだ。

ドン底の営業マン時代

ただ、僕もはじめから仕事で結果を出せていたわけではない。

僕が最初に就職したのは、芳林堂書店の外商部というところだった。芳林堂は、関東を中心に展開している歴史ある書店だ。仕事は、学校図書館に本の発注をお願いする新規営業。

この飛び込みで営業しなければいけなくなったときが、僕の人生の暗黒時代だった。なにしろたったの1件も契約が取れない。このまま続けても契約を取ることなんて一生できないだろう、と絶望し、すべてを投げ出したくなった。

そこで僕がしたのは、営業車の中で、あらゆるビジネス書を読み込むことだった。書店の息子に生まれた僕だけれど、じつはそれまでほとんど本を読んでこなかったのだ。

人生最大のピンチを救ってくれたのは、ある1冊の本だった。その本に書いてあったことをヒントに、営業のやり方をまったく変えたことで、年に1件取れればいい、と言われていた新規契約が、いきなり20件も取れたのだ。

その本にどんなことが書いてあったのか、そして、僕がどんなふうに仕事に取り入れたのかは、第1章で具体的にお伝えしようと思う。

じつは、このドン底の営業マン時代に身につけた考え方が、今の僕の仕事のやり方のベースになっている。そして、この考え方こそ「**非効率思考**」。この本で伝えようとしている仕事のやり方だ。

「書籍PR」という仕事とは？

僕は、その後転職し、講談社で書籍PRの担当となった。

テレビ、ウェブ、新聞、ラジオ、雑誌など、あらゆるメディアにアプローチし、新刊や著者を取り上げてもらえるように提案するのが僕の仕事だ。

それまでやったことのない仕事だったので、すべてが手探り。最初は提案も断られまくりで、ここでもまた壁にぶつかった。そこで役立ったのが、書店の営業マン時代に身につけた考え方だったのだ。

徐々に、担当書籍が大きなメディアに取り上げてもらえるようになり、ベストセラーも生まれた。たとえば、70万部を超えるヒットとなった『妻のトリセツ』シリーズ。30万部突破となった葉っぱ切り絵シリーズ、50万部突破となった『続 窓ぎわのトットちゃん』。

今は独立し、講談社以外の出版各社の本のPRも引き受けている。この18年間で、700冊以上の本のPRを担当し、600人以上の著者、300人以上の編集者と会って仕事をしてきた。そして、たくさんのことを学んできた。

この本では、書店営業マン時代からの20年以上にわたるトライ&エラーのなかで、僕が確立してきた仕事のやり方や習慣を、包み隠さず伝えたいと思う。

「本が売れない時代」に、本のＰＲをする理由

よく聞かれる。

「なぜ本のＰＲなのですか？」

「本以外のＰＲは引き受けてもらえないんですか？」


「本が売れない」と言われるこの時代だけれど、僕は、本だからいいのだと思っている。

僕は、書店の息子に生まれ、本に救われてきた。だからこそ、ＰＲの力で、たくさんの人に本を届けることのできるこの仕事が大好きだ。


そして、本によって救われたことがある人は、僕だけではないはずだ。

「1冊の本に救われる」

「1冊の本で誰かの人生を変える」

僕が出会ってきた著者や編集者たちは、まさしくそんな経験をしてきた人たちだ。

1冊1冊の本に、彼らが深い思いや熱い情熱を込めて世に送り出しているさまを、僕はずっと見てきた。その思いや情熱に接しているからこそ、それらは大切に、より多くの人たちに届けられなければいけない、と強く思う。

彼らが今、僕を頼ってくれるのは、うまく自分たちの思いや情熱が届いていない、というもどかしさを抱えているからだろう。

そのもどかしさを解決するのは簡単なことではない。

僕は思う。今、「本が売れない時代」と言われるが、本が面白くなくなっているのではない。「売れない」のではなく、時代の変化とともに、「人」と「本」との出合いが少なくなっただけなのだ。

だから「ここにこんなすごい本がありますよ！」と伝える僕のような役割の人間が必要とされている。こんなにやりがいがある仕事はない。

「やれることはまだまだある！」

そんな「ＰＲのやり方」「人への伝え方」を教えてほしい、という人たちが、僕のところにやってくるようになった。

彼らは、出版に限らず、さまざまな業界で働き、ＰＲや営業やブランディングに悩んでいる人たちだ。みなさん、僕の話を聞いて、「さっそく実践してみます！」と目を輝かせてくれる。実際に、僕のやり方を試してみた人たちから「結果が出ました！」という感謝の声が続々届いている。

そういうわけで、僕の非効率なやり方が通用するのは、本の世界に限らないのかもしれない、と思ったのだ。

自分のことや自分の仕事をもっとうまくＰＲしたい、ブランディングしたい、と考えている方。

「なぜ、私の伝えたいことはうまく伝わらないのか?」と、仕事で、家庭で、あるいは友人・知人とのコミュニケーションで悩んでいる方。

「効率的に仕事を進めているつもりなのに、なかなか生産性や成果が上がらない」と悩んでいる方。

誰もが効率やタイパを求める時代だからこそ、僕が見つけた「非効率なのになぜか結局いちばんうまくいく」コミュニケーションの成功法則に、突破口を見つけられるのではないかと思う。

この1冊の本に、「非効率だからこそ生産性も成果も上がる」仕事術のすべてを詰め込んだ。いずれもシンプルで小さな行動から始められる。

この本を読み終わったとき、あなたはこう思っているはずだ。「**私にやれることはまだまだある!**」と。

もしかしたら遠回りだと思うかもしれない。けれど、この寄り道を楽しんでほしい。

CONTENTS

非効率だから、うまくいく！

はじめに～契約ゼロの営業マンだった僕が、ヒット連発の書籍ＰＲになれた理由

第1章

非効率だからうまくいく理由

～非効率思考　考え方の基本編

第2章 誰でも今日からできるPR
～非効率思考　行動編

第3章

人の心を動かすストーリーテリング術

～非効率思考　コミュニケーション編

第4章 目指すのは全員がハッピーになるPR
～非効率思考　チーム作り編

第5章 ピンチがチャンスに変わる考え方
〜非効率思考　メンタル編

第6章 非効率を支える時間整理術

~非効率思考 1人タスク編

おわりに ～本を作って届けることほど、非効率な作業はないのかもしれない

装丁デザイン　井上新八
本文デザイン・DTP　谷関笑子（TYPEFACE）
イラスト　岡田丈
校正　ぷれす

第1章

非効率だから
うまくいく理由

～非効率思考　考え方の基本編

「おすすめ」するのではなく「お困りごと」を聞く

「お困りごとはありませんか？」

僕のＰＲの根幹は、この一言に尽きる。

僕が20代のはじめに書店の外商部で新規営業を始めたとき、何をしても契約が取れない暗黒時代があった。

その突破口を見つけたのは、営業車の中で読みあさったなかのある１冊の本だった。そこに書かれていたのは、ＩＢＭの営業手法だ。

かつて、今ほどの大企業ではなかったＩＢＭが、アメリカ全土で急成長を遂げたのには、１つのきっかけがあった。

それは、自社製品の魅力をアピールすることではなかった。では何をしたのか？

ある支社が行ったのはまず**「何かお困りのことはありませんか？」**と、顧客の悩みを聞くことだった。そして、その解決策として、自社製品を提案したのだ。

この支社が売り上げを伸ばしたポイントは、まだお客さま自身も気づいていない潜在的なニーズ（＝お困りごと）を見つけて解決したことだったのだ。その方法を全支社が取り入れて、誰もが知る今のＩＢＭになったのだという。

「これだ！」と思った僕は、すぐさま無作為な飛び込み営業をやめた。その代わり、お客さんである図書館にアポイントを取って訪問することにしたのだ。

その際、ＩＢＭを参考にして、こう電話した。

「契約していただかなくて大丈夫です！　ただ、こちらのエリア担当になったので、現在ご契約されている書店さんのサービスで、何かお困りのことがありましたら教えてください。10分だけでかまいません」

　すると、あれほど会ってもらえなかった図書館に、不思議なほどアポイントが取れるようになった。そして図書館を訪ねると、10分どころか、気づけば2時間ぐらい夢中で話をしているのだった。

　みなさんそれぞれに、「お困りごと」を抱えていたのだ。僕が徹底的に聞き出したのは、まさに図書館が抱える潜在的ニーズ（＝お困りごと）だった。その後は、この「お困りごと」を解決することで、新規取引が続々と決まっていった。

　今の書籍PRのやり方は、このときとまったく同じ方法だ。

　担当している本や著者の魅力を伝える前に、まずメディアが**「今、何に困っているか」を徹底的に聞く**。

　相手が困っていることを誰よりも詳しく理解することで、何を提案すればいいかが見えてくるのだ。

非効率ルール

まずは顧客の悩みを徹底的に聞く

「お困りごと」を探し出したら「解決策」を見つける

僕が〝IBM方式〟でどうやって顧客である図書館の「お困りごと」を解決したのか。もう少し詳しく話してみる。

図書館へのヒアリングを繰り返すと、図書館の「お困りごと」というのは、大きく2つしかないことがわかった。

図書館のお困りごと❶

ベストセラーは書店を優先して流通するため、図書館には入荷しにくい。

たとえば、当時流行のハリー・ポッターの入荷も後回しにされ、生徒から不満の声が出ていた。

解決策

書店を差し置いて、新刊を図書館に回すことは社内でも好ましくないとされていた。けれど、日頃から仲良くしていた書店員に「1冊回して！」と頼むことで、店頭にある本を図書館に出庫してもらうことができた。書店に入社して以来積み重ねてきた信頼関係に助けられ、ピンチを乗り越えた。

図書館のお困りごと❷

図書パンフレットの情報が古いことで、生徒向けの本を選ぶのが遅くなる。

解決策

あらゆるところを探し回ったが、新刊情報のまとまったものが見つからなかったので、自前で作ることを思いついた。既存契約の学校図書館から受注した本をランキング化。このオリジナルの「おすすめ図書ランキングBEST100」は司書の方々から大絶賛を浴びた。「このリスト、毎月持って来てくれるの!?」と喜ばれて新規契約が急増した。1年目は1件も取れなかった新規契約が、2年目にはいきなり20件も取れてしまった。「1年に1件取れればいい」と言われている外商部の新規契約で、これは前代未聞の成果だった。

この経験が、相手の「お困りごと」を聞く現在の仕事スタイルの原型となったのだ。書店外商部から、講談社の書籍PRへと転職。その後担当し、70万部を超えるベストセラーとなった『妻のトリセツ』シリーズも、メディアの「お困りごと」と「解決策」を見つけられたことが成功のきっかけとなった。

メディアのお困りごと❶

取り上げるには、新事実や意外性がほしい。

解決策

『妻のトリセツ』は、売れ行きのデータが面白かった。男性読者をターゲットにして出版された本だったにもかかわらず、蓋を開けてみたら、じつは読者の3分の1が女性だったのだ。

また、なかなか重版がかかりにくい時代に、発売以降異例の10週連続重版を達成していた。

この2つの現象をメディアに提案した。

メディアのお困りごと❷

テレビ番組で視聴率が取れるスタジオトーク向きのネタがほしい。そのためには出演者みんなで意見を戦わせて盛り上がれるテーマがほしい。

解決策

本の中の「夫が気づかない『妻を絶望させるセリフ』」を提案。「だったらやらなくていいよ」「おかず、これだけ？」といったセリフと、読者からの実感のこもった感想の数々をまとめてメディアに送った。

この結果、各番組の企画会議で盛り上がり、1週間に3本の情報番組で取り上げられた。放送後、SNSで一気に話題が広がり、大ヒットにつながったのだ。

PRの本質は、まだ見えていない顧客の「お困りごと」を探し出し、人の心を動かす解決策を見つけることにあるのだ。

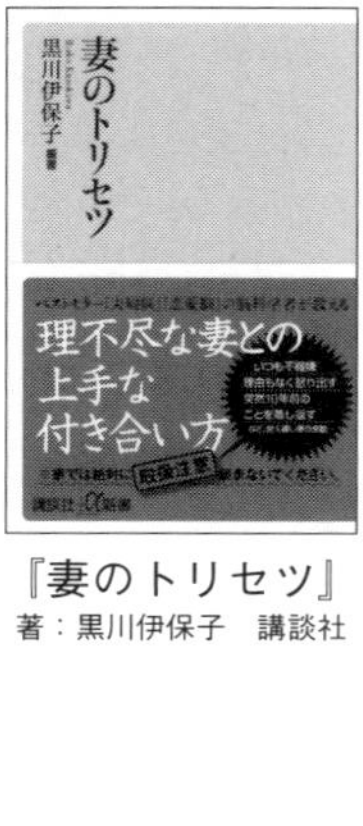

『妻のトリセツ』
著：黒川伊保子　講談社

非効率ルール

「お困りごと」の解決に労力を惜しまない

「聞く」を繰り返す

僕が講談社でＰＲの仕事を始めたばかりの頃。最初に直面した挫折は、周りにいるのが、著者や編集者といった才能ある優秀な人たちばかりだったことだ。

僕が思いつくアイディアは、どこかで見たことがあるものばかり。

そんななか、著者や編集者は、まだ世の中に存在しないものを創り出そうとしている。

ＰＲで出会うテレビや新聞といったメディアの人たちも同じく才能の塊。

彼らと自分との差を痛感し、「どうしたらこんなに面白いことを思いつけるのだろう」と愕然としたのを覚えている。

そうなのだ。僕のような凡人では、才能ある著者や編集者、メディアの人たちには敵わない。これがずっとコンプレックスだったのだが、だからこそ自分にしかできないことをしなければ、と思った。

どうするべきか？

僕ができるのは、ＰＲの現場で「聞く」ことだ。

足を使い、著者や編集者、メディアのもとへ赴き、彼らの「お困りごと」を聞く。

そして、**ひたすら尋ねる。「聞く」を繰り返す**。

「この本をどうやったら取り上げてもらえますか？」

「このテーマはどんな形で伝えれば響きますか？」

こうして、著者や編集者が考える新しいアイディアを理解し、それをメディアの人に伝える。そして、そこからさらにメディア側の新しい視点やアイディアが生まれる。

このアイディアのキャッチボールを受け止めることこそが、僕の仕事なのだ。

僕自身がすごいアイディアを出す必要はない。自分の頭だけで考える必要はない。大事なのは、才能ある人たちの考えを生かし、それを効果的に伝える工夫をすることだ。

PRの仕事とは、「作る人」（著者や編集者）と「伝える人」（メディア）をつなぐ役割なのだ。

非効率ルール

自分の頭だけで考えない

メディアにリリースは送らない

じつは僕は、リリースを一斉にメディアに送る、ということをしていない。

一般に、新商品が発売されるとき、企業からリリースを各メディアに一斉に送る、という宣伝手法が使われる。

出版社も、新しい本が出るときはリリースを作って各メディアに送る。リリースには、本の内容、発売日、著者紹介、問い合わせ先などが書かれているのが通常だ。「リリースを送る」というのは、PRの王道とも言えるだろう。

効率よくPRしようとすると、リリースの一斉送信という方法になるのかもしれない。けれど、すべての人が同じことを行うと、その価値は下がる。送る側は届けられたと思っていても、結局、相手は見ていないことがほとんどなのだ。

リリースを送ることが悪いわけではけっしてない。ただリリースを送って終わり、では、何もしていないのと同じ、ということだ。

直接テレビ局を訪ねることも同様だ。僕も、リリースを持ってテレビ局へ行き、「今度こういう本が出るんですけど、よろしくお願いします！」というような営業もやってみたことがあるが、1回でやめた。「ああ、そこに置いといて」で終わってしまうからだ。僕が逆の立場だとしても、同じことを言うと思う。「これをやっていても、絶対決まらないな」と思ったのだ。

忙しいテレビの人に、「今度こんな本が出るので打ち合わせしてください」と、アポイントを取って会いに行って提案する、というのも非常に難しい。相手の興味を引かない限り、提案する時間を作ってもらえない。

メールを送っても見てもらえない。会いに行っても話を聞いてもらえない。アポイントも取れない。書籍ＰＲとは、これまでやってきたような営業的な営業ができない職業なのだ。

だから僕が心がけているのは、**１件１件オンリーワンのメールをしたり、電話したりすること**だ。もちろん、やみくもに１人ひとりに連絡を取っても聞いてはもらえない。

「この本のこのテーマは、あの番組にいいんじゃないか」
「これは、あのディレクターさんが好きそうな企画だな」
そんなふうに、相手に提案する理由を考えてから、１人ひとりに連絡する。

でもそこで提案だけでは終わらない。必ず「今、どんな企画が通りやすいですか？」

「今、企画会議で求められているのは、どんなネタですか？」と、メールや電話、そしてできたら取材現場で聞いて回る。まず、番組の「お困りごと」を聞くのだ。

この「お困りごと」を抱えて、著者や編集者との間を駆けずり回って、「解決策」を必死にかき集めて、持っていく。それを何度も何度も繰り返す。

だから「黒田さんの仕事のやり方は非効率ですね」と言われてしまうのだろう。

たしかにリリースを一斉メールするより非効率かもしれない。でも、**一斉メールよりも決まる確率がぐっと高くなるので、僕に言わせると断然効率のよい提案の仕方な**のだ。

非効率ルール

「お困りごと」を聞いたら、「解決策」を必死にかき集める

本の内容は説明しない

「自分が伝えたいこと」ではなく、「相手が知りたいこと」を考える。それも、徹底的に考える。

この書店営業マン時代に身につけた考え方を僕は、書籍ＰＲの仕事にも応用している。

つまり、「この本、ここが素晴らしいんですよ」と説明するのは、こちらの都合でしかない。本当は、**相手が思わず誰かに伝えたくなるような提案をできるのが理想**なのだ。

「リリースを送らない」と言ったが、僕は「企画書」は送る。

「リリースと企画書、どこが違うの？」と疑問に思うかもしれない。

リリースに書いてあるのが本の内容の説明だとしたら、**企画書には、メディアの「お困りごと」への「解決策」を書く**のだ。


たとえば、テレビのディレクターさんがレストランのシェフだとする。そのシェフがビーフカレーを作りたいとする。

けれど出版社の一般的な本のリリースは、「こういうビーフですよ」という「材料」の説明にとどまってしまっていることが多い。もちろん、編集者が「このビーフ（＝本）を使うと、いかに美味しいカレーができるかを伝えたい」ということはよくわかる。けれど、それだけではメディアに企画が通りにくいものなのだ。

そこで僕の仕事は、ディレクターさんにビーフだけでなく、玉ねぎやにんじん、カレー粉……と、カレー作り（＝番組作り）に必要な、もっとたくさんの「材料」を集めて持っていくことだ。

「著者が稼働します」「著者の自宅取材ＯＫですよ」――「美味しいビーフ」という1つの材料だけではなく、「これだったら番組にできるよね」といういくつもの「材料」を用意するのだ。


ただ、「美味しいビーフですよ」「美味しい玉ねぎですよ」ではまだ足りない。より**企画が通りやすくなるのは、その美味しいビーフを「こうしてこうしてこういうふうにしたら美味しく食べられます」と、レシピ化して持っていくことができたときだ。**

「材料」だけではなく、「調理法」もあわせて持っていく――これが「企画書」なのだ。


この方法を使って成功した事例を紹介する。片づけアドバイザー・石阪京子先生の著書『奇跡の3日片づけ』のＰＲを担当したときのことだ。

出版社は当然、先生の片づけメソッドのすごいところをアピールするリリースを作る。そこには「先生の取材ＯＫです」まで書いてある。

でも、これだけでは、ビーフと玉ねぎしかない状態だ。

そこで僕は、情報番組のディレクターさんに「番組で片づけコーナーを作るとしたら必要になりそうな材料は何でしょうか？」と聞いてまわった。そうするとテレビの人の「お困りごと」が集まる。

・石阪先生が、散らかった部屋を実際に片づけていくプロセスを見せたい。
・石阪先生のおすすめの片づけグッズベスト5を知りたい。
・どんな人が家を片づけられないかがわかる「チェックリスト」がほしい。

これらの「お困りごと」への解決策は、本には書かれていない。そこで、編集者から石阪先生に聞いてもらって、それぞれへの解決策をどんなふうにテレビで見せられるかを一緒にまとめた。

『奇跡の３日片づけ』
著：石阪京子　講談社

「材料」を集めたら、それをどう調理すれば美味しく食べられるかのレシピもあわせて持っていく。これが企画書の重要な役割だ。「材料」と「レシピ」をセットにしてはじめて企画書になるのだ。

本のPRをしようとすると、つい本の魅力を伝えたくなってしまうものだ。けれど、どんなに美味しいビーフでも、美味しい食べ方がわからないとなかなか買ってもらえない。**必要なのは、「こんなに美味しいビーフですよ」と説明することよりも、相手が必要としていることを聞き出して用意することだ。**

どうしたら相手が番組や記事を作れるかを徹底的に考える。そして「材料」と「レシピ」をセットで提案することが大切なのだ。

非効率ルール

「材料」の説明だけでなく「レシピ」もセットで提案する

非効率な企画書の作り方

「レシピ」である企画書を求めているのは、テレビだけではない。同様の提案をすると、ウェブ、新聞、ラジオ、雑誌の方々にも共通して喜んでもらえる。

ただ、「レシピ」を作るのは、けっして簡単ではない。なぜなら、「レシピ」のための「材料集め」は、著者と編集者の協力なしには実現しないからだ。

本を作るだけでも大変なのに、さらにPRのために著者にさまざまな協力をお願いするには、編集者の理解とサポートが欠かせない。その過程はこんな感じだ。

僕がメディアから集めてきた複数の「お困りごと」を編集者に伝える。

すると編集者は、それぞれの「お困りごと」への「解決策」を提案できないか、著者に1つひとつ確認してくれる。

このとき、企画書のおかげで決まった過去のメディア掲載事例を紹介して、編集者に企画書の重要性を理解してもらっておくことも大事だ。

なぜなら、ほとんどが本には書かれていないことばかりで、著者にまたイチから取材をするようなもの。負担は大きく、時間がかかるからだ。


たとえば『奇跡の3日片づけ』の場合、情報番組の「お困りごと」のなかでも、「解決策」を見つけるのがいちばん大変だったのは、「石阪先生が片づける家」を探すことだった。

ここで生きたのは、それまで石阪先生へのいくつかの雑誌の取材に立ち会っていたことだ。

雑誌の片づけ特集に取り上げてもらうときに、片づけの現場にいつも編集者と僕も足を運び、石阪先生の片づけを一緒に手伝っていたのだ。

非効率なこのプロセスにより、編集者も僕も、石阪先生の片づけメソッドを深く理

解できていて、信頼関係を築くことができていた。

先生に「片づける前のお家を見せていただけるお客さんはいますか？」と相談すると、本来ならお客さんを紹介してもらうのは難しいはずなのに、「片づけ待ちの人に聞いてみるね」と言ってくれた。そして、お客さんのなかから何人か「私の家、見せてもいいです」という人を集めてくれたのだ。

こうして石阪先生、編集者、そして僕の3人で、番組側の課題を1つひとつ解決していった。

ここで重要なのが、撮影中に番組ディレクターさんの質問に、著者の石坂先生がどんな答えをしたかに注目することだ。その答えが、他の著者にはないオリジナルのメソッドであり、メディアが知りたいことでもある。撮影現場で見つけたオリジナルメソッドを盛り込み、企画書をバージョンアップさせていく。

番組が放送されると、それを見た別の番組からオファーがくる。また新たな「お困りごと」が集まる。著者・編集者と3人で、その「解決策」を考えて、1つずつ乗り越えていく。これを繰り返していくと、どんなメディアからの取材のオファーにも応えられるようになっていく。

こうして徹底的に取り組んだからこそ、『奇跡の3日片づけ』は、石阪先生の初著書にもかかわらず10万部のヒットにつながったのだ。

じつは、企画書を作る目的は、番組を決めることだけではない。

企画書の準備を通したコミュニケーションで、企画書ができたときには著者と編集者との信頼関係が深まっている。だからこそ、僕たちは1つの強固なチームとなり、PRを成功させることができるのだ。

非効率ルール

「お困りごと」への「解決策」探しを繰り返して企画書は生まれる

提案する前に想像させる
～ビフォア・サンライズ理論

僕がメディアの人に本を紹介するときに必ず思い出すのが、映画『ビフォア・サンライズ』のワンシーン。このシーンを念頭に置いた提案で、何度となく本のメディア露出が決まってきた。

そこで僕は勝手に「ビフォア・サンライズ理論」と呼んでいる。

僕はこの映画が大好きで繰り返し観ているのだが、知らない人も多いと思う。

この映画の内容を簡単に説明すると、アメリカ人の青年とフランス人の大学生の女の子が、ブタペストからパリに向かう列車の中で出会い、途中のウィーンで一緒に降りて、２人で14時間を過ごすというシンプルな話だ。

この映画の名場面（僕はそう思っている）が、青年が女の子に「一緒に列車を降りよう」と誘うシーンだ。

食堂車では楽しく会話が進んだが、青年は帰国する飛行機に乗るため、ウィーンで降りなければいけない。女の子はそのまま列車に乗ってパリまで帰るのだという。でも、青年は一緒にウィーンで降りてほしい。そこで彼はこう言う。

「こう考えてほしい。今から10年か20年後、君は結婚している。そして、昔出会った男たちのことを思うんだ。その中の誰かを選んでいたらと……。それがたとえば僕だよ。これは未来から過去へのタイムトラベルなんだ。僕はやっぱり退屈な男だった、と思ったら、現実の夫に戻ればいい」

こうして、彼女はウィーンで彼と降りる決断をする。その日に知り合ったばかりの彼と、朝が来るまでの時間を過ごすために。

僕がここから学んだのは、「**まずは相手に想像させることが大切**」ということだ。

彼の「こう考えてほしい」という言葉で、彼女の脳内には「ウィーンでこの男の子と途中下車したら」というイメージが膨らんだのだ。彼女がイメージできたからこそ、彼の願いは実現した。

DVD『ビフォア・サンライズ 恋人までの距離（ディスタンス）』
監督：リチャード・リンクレイター

たとえば、情報番組に自分の担当する著者を売り込むとする。著者のよいところを伝えたり、番組が求めることを伝えたりすることも大事だけれど、そんなときに、こんなふうに伝えてみる。

「こう考えてみてください。万が一この著者の出演が決まったら、どんな構成が考えられるでしょうか？　そんな簡単に出られないのはわかっています。勉強までに教えてください」

こうすると、そのディレクターさんは、過去の事例や経験と照らし合わせて、会議で通すための構成を想像し始める。

不思議なことに、**いったん頭の中で想像が始まると「あ、できるかも」と思ってもらいやすくなる**ようだ。これで著者の番組出演が決まったことは数え切れないぐらいある。もちろん決まらないこともたくさんある。信頼関係が築けていないと、なかなかできない質問だとも思う。

それでもこの「ビフォア・サンライズ理論」は、何かを提案し、人の心を動かしたいときに非常に有効な方法だ。

非効率ルール

まずは相手の頭の中で、想像させることが大切

妄想力で実現する

先ほど話した「想像力」は、むしろ「妄想力」と言ったほうがいいかもしれない。「想像力」を超えて、「それ、ありえないいんじゃない？」というくらいの「妄想力」が、大きな番組の出演を決めることがあるのだ。

たとえば、編集者から「この本のＰＲ、お願いしたいんですが」と提案されたとき、まず思いっきりうまくいったことを妄想して答える。

「この本、テレビで紹介されるなら、『あさイチ』か『王様のブランチ』がいいですね！」

みんなが出たい大きい番組で、簡単に出演が決まる番組ではない。自分で自分のハードルを上げてしまうので、本当だったら言わないほうがいいかもしれない。でも、まず思い切って口に出して編集者に言ってみる。

そうすると、打ち合わせは盛り上がる。

盛り上がると、編集者と僕は、番組に出ていることを妄想しながら、「ああでもない」「こうでもない」と、お互いにアイディアを出しあってさらに盛り上がる。

自分たちの頭の中で、その番組に出演している著者を徹底的に妄想して、ワクワクしてくるのだ。

そのイメージを持って、僕は番組に提案しにいく。「この著者は、節約レシピがSNSでバズって主婦に人気なんです！」

番組のディレクターさんにそのまま提案すると、「いやあ、うちの番組だと難しいですよ！」と言われてしまう。

そのうえでディレクターさんにこう言ってみる。

「もちろんです。難しいことはわかっています。ただ、もしも出演するとしたら、どんな登場をイメージできますか？　ヒントだけでもいただけますと嬉しいです！」

お願いしているように聞こえるかもしれない。でも違う。**ありえないかもしれないけれど「もしも」と、妄想してもらう**のだ。

ついついディレクターさんは妄想してしまう。

「もしもやるとしたら……そうねえ……3人くらいの料理家さんの1人として出演してもらって、パスタとかのテーマで節約レシピを作ってもらうとかは、あるかなあ……」

これまで手がけた事例などと照らし合わせたイメージが膨らんでくる。編集者と僕。そして、番組ディレクターさん。みんなで著者の出演シーンを妄想する。するとまたワクワクしてくる。

これを繰り返していくと、あるときこんな連絡がくる。

「黒田さん、あの本まだ担当してますか？　プロデューサーに話したら、それ面白いじゃん！　となりまして。本を送ってもらえますか？」

妄想が現実化した瞬間だ。

妄想はイメージした瞬間だけでなく、人の頭の中で長い時間をかけて大きくなる。

ポイントは、**イメージだけでなく、ワクワク感とともに伝えることだ**。人の心に、妄想がその楽しいワクワク感と一緒に残っていて、時間が経っても折に触れて思い出してもらいやすくなる。

番組ディレクターさんがスーパーに買い物に行ったとき、あるいは家族で食事をしているとき、「そういえば、あの節約レシピどうかな？」というふうに。

PRにとって妄想力は、とても大きな役割を果たすのだ。

非効率ルール

妄想は、人の頭の中で長い時間をかけて大きくなる

「お願い」はしない

先ほども書いたが、僕は、本を紹介するときには、あえて内容をすべて説明しない。内容を説明するのはこちらの都合であって、相手が聞きたいことではないからだ。そして、すべてを伝えてしまうと、人は「わかった気」になり、印象に残りにくくなるものなのだ。

重要なのは、**「え？　何それ？」と思わせること。伝えたいことの一部を相手の頭に残すこと**だ。

この方法を映画『ビフォア・サンライズ』から学ぶずっと前、じつは子どもの頃、無意識のうちに叩き込まれていたことに大人になってから気づいた。これには、まず僕の生い立ちを説明する必要がある。

僕は、千葉県佐倉市というところで書店を営む両親のもと育った。

もともと製薬会社の営業をしていた父は、母と「本が好き」という共通点があり、2人でずっと一緒にできる仕事をと、僕が幼稚園のときに脱サラして書店を始めた。

これは余談なのだが、小さい個人商店なので父はいろいろ工夫していた。本の注文を受けて各家庭に配達するサービスというものを、Amazonよりも先に始めたのは、なんと黒田書店だったのだ。父は大学時代にお米屋さんでバイトをしていて、他の書店と差別化しようと考えたときに、「そうだ、本もお米と同じで、各家庭に配達すればいい！」と思いついたのだ。

そしてもっとすごかったのは母だった。母のセールス力で、黒田書店は当時、百科事典や美術全集の単店売り上げ日本一を何度も取っていたのだ。

僕が中学生の頃、母が買い物に行くときなど、店番を頼まれることがよくあった。当時、レジ横には、『日本語大辞典』の「向日葵」のページが開いて置いてあった。母には「お客さんが来たら『ひまわり』って漢字で書けますか？　とだけ、聞いてみて」と頼まれていた。ただ母には、

「売らなくていい」

「買ってください、って言わなくていいからね」

「あとはお母さんに任せて」

と言われていた。

そこで僕は、たとえば『週刊少年マガジン』を買いに来たお客さんに「ちなみに、ひまわりって漢字で書けますか？」と聞く。

当然、お客さんから「えっ!?」という反応が返ってくる。そこで「これ見てください」とレジ横にある辞典を指差して、「漢字や意味だけじゃなくて、写真も載ってるんです」とだけ紹介する。

そうすると、お客さんの頭の中には「たしかにこの辞典が1冊あると便利かも」という印象が残るのだ。

スマホもインターネットもない時代だ。「向日葵」以外にも「どんな漢字だっけ？」「あ、これの意味を調べたいな」と思うシーンで、僕が紹介した『日本語大辞典』をついつい思い出してしまうのだ。

そして、次に黒田書店に来て、母が実際に辞典を紹介したときには、つい買ってしまう、というわけだ。

「買ってください」とお願いしない。けれど、相手の頭の中にポン、と印象を残すようなコミュニケーションを心がける。これは、まさに、今の僕のPRのやり方につながっていると思う。

たとえば、「『3秒筋トレ』って知ってますか？　最近ハマってるんですけど、この効果が本当にすごいんですよ！　1日3秒でいいから続くんですよね」。メディアの人には、これくらいの情報を伝える。

「何ですか、それ?」と相手が興味を引かれたように見えたら、「今、担当している本なんですけど、ニューヨーク・タイムズにも取り上げられたんです。3秒だけど本当に効くんですよ。論文でも発表されているんです」

これ以上は話さなくて十分。本の内容は一言も説明しない。

じつは**このとき本を持っていても、メディアの人には必ずしも渡さない。**なぜなら、喉が乾いてない人に水を渡しても、迷惑なのと同じだからだ。

あとで相手が「3秒筋トレ」という言葉を自分の生活の中で目にしたとき、「あ、黒田さんが言っていた本だ!」と記憶がよみがえる。そうするとある日、「『3秒筋トレ』の著者に取材できたりしますか?」という連絡がきたりするのだ。

ここではじめて本を送る。

『たった3秒筋トレ』
著:中村雅俊　講談社

伝えたいことの欠片《かけら》が、相手の記憶や心に自然と残るようにする。それがそのあとどんどん大きくなっていく。説得するよりも、相手の妄想力に任せてみる。これは、僕が〝伝説のセールスウーマン〟から学んだ方法だ。

非効率ルール

伝えたいことの欠片を相手の頭の中にポン、と残して、勝手にイメージが膨らむのを待つ

著者のすすめることはやってみる　〜「やってみた」の法則

「黒田さん、マラソン走ってみたら？」

これは、僕が書籍ＰＲの仕事をスタートさせたばかりの頃、ランニングコーチの金哲彦先生から言われた一言だ。

言われた通りにさっそく大会に申し込んで、初マラソンに挑戦したものの、途中から膝が痛くなってもうボロボロ。必死の思いで６時間近くかかって、なんとかゴールした。

それからちゃんと金先生の本を読み込んで練習するようにした。すると、少しずつ記録が伸びて、3時間20分までタイムを縮めることができた。

この実体験をもとに熱く話をすると、多くのメディア担当者に興味を持ってもらうことができた。

結果、金先生の本はたくさんのメディアに取り上げられ、PRにつながったのだ。

以来、著者にすすめられたことは実践するようにしている。

レシピ本なら紹介されている料理を作ってみたり、エクササイズ本なら実践して体をシェイプアップしてみたり、ビジネス本なら仕事に取り入れてみたり。

その成果を著者と編集者に報告し、さらにメディアにも発信する。

「実際にやってみて、感想を伝える」

これが僕のPRスタイルだ。

実際に試してみると、著者がインタビューで言って

『「体幹」ランニング』
著：金 哲彦　講談社

いたこともすごくよく理解できる。嬉しくて「やってみました！」と著者に伝える。そうすると著者にも喜んでもらえるのだ。

「やってみようと思います」と言う人は多い。でも実際に「やってみました！」という人は意外と少ないのだ。

これは仕事に限らない。映画や本をすすめられたとき、僕は「今度観ます！」「今度読みます！」で終わらせず、できるだけ早く観たり読んだりして感想を伝えるようにしている。

なぜなら、僕自身、僕がおすすめした映画や本の感想が、相手から返ってくると嬉しいからだ。

「読みました！めちゃくちゃ面白かったです！」と連絡をもらうときの嬉しさを知っているからこそ、僕も相手に同じ喜びを届けたいと思っている。

「やってみるといいよ！」と言われたら、その相手が上司だろうと部下だろうと、友

人だろうと子どもだろうと、まずは試してみる。大事なのはそのあと相手に、「やってみた感想」をきちんと伝えることだ。

そうすると相手は必ず喜んでくれる。これを僕は「やってみた」の法則と呼んでいる。この法則のいいところは、そこから相手との信頼関係がぐっと深まっていくことだ。

非効率ルール

人がすすめることは実践してみて、必ず感想を伝える

迷ったらワクワクするほうを選ぶ

「うまくいくコツを教えてください」

「チャチャッとやっといてくれればいいから」

そんな言葉をよく聞く。多くの人は、ラクに最短時間で仕事を片づけられるセオリーがどこかにあるはず、と思っているのかもしれない。

あるのかもしれないが、僕の興味はそこにはない。

僕が仕事で重視するのは〝費用〟や〝時間〟ではないのだ。

では何が基準になっているのかといえば、〝楽しさ〟。コスパでもタイパでもなく、しいていえば〝**タノパ（楽しさパフォーマンス）**〟だ。

編集部から相談を受けて、「どちらの本をPRするべきか」と迷ったら、ワクワクするほうを選ぶことにしている。

僕がワクワクする仕事の基準は、「誰かに伝えたくなるかどうか」。ワクワクのイメージは、こんな感じだ。


編集者からこれから出る本の話を聞く。その話を聞き終わる前に……。

「それだったら、こんなことできるかも！」

「あの番組の人に言ったら、絶対興味持ちますよ！」

「わかります！　この本、絶対みんなほしいですよ！」

話が終わってもないのに、誰かに伝えたくなってしまう状態だ。

この〝タノパ状態〟こそが、仕事のエネルギーになる。


ワクワクするのはつまり「まだ世の中にない」ということ。それは、「これまでの伝え方が通用しないかもしれない」ということでもある。失敗するかもしれないし、やったことが無駄に終わるかもしれない。

けれど、**セオリー通りではないことにチャレンジしたときこそ、成功も大きい**と僕は経験から知っている。

効率を追求しない〝タノパ〟こそが、僕の中で最高の価値だ。

非効率ルール

ワクワクの基準は「誰かに伝えたくなるかどうか」

「楽しそう」が心を動かす

僕の仕事は、メディアの人に、まだ知らない本や著者に興味を持ってもらって、「取り上げたい！」と思ってもらうことだ。

どうしたら相手の心を動かせるか。ここに格闘してきたといっても過言ではない。

本当に伝えたいことを届けるには、「楽しさ」や「ワクワク感」が鍵になる。このことを教えてくれたのが、『すごすぎる天気の図鑑』の著者・荒木健太郎先生だ。

荒木先生がこの本で伝えたかったのは、じつは「防災」だった。「天気や雲の動きを観察することで気象災害に備えてほしい」という強い思いがあったのだ。

人は、大きな災害が起こった直後は防災の大切さを気にするものの、時間が経つと忘れてしまう。そこで先生は、「天気や雲の楽しさ」を伝えることに注力した。楽しさを感じることで自然と空を見るようになり、その習慣が防災意識につながる、という発想だ。

実際に本の中で防災について触れているのは最後のページだけ。それでも、この「楽しさを先に伝える」というアプローチにより、『すごすぎる 天気の図鑑』はシリーズ累計50万部を超えるベストセラーになった。

この本の作り方を知り、「楽しさ」がメッセージを届ける力を持っていることをあらためて実感した。

『すごすぎる 天気の図鑑』
著：荒木健太郎　KADOKAWA

僕が仕事で心がけているのも、まさにこの考え方だ。

自分が本を読んで感じたことや実践したことを「楽しさ」とともに伝える。

すると、メディアの人も**「楽しそう」と感じ、心が動く。**それが、「この著者を紹介してみようかな」という行動につながっていくのだ。

この考え方は、自分が仕事をするうえでの指針としているだけでなく、「これからお店を始めたい」「ＰＲして集客したい」などと人から相談を受けたときにも必ず伝えている。

「僕が大好きなカフェは、店員さんがいつも笑顔で楽しそうなんです。だから『どこでお茶しようかな？』と思ったとき、数あるカフェの中でもついそのお店を思い浮かべてしまう。そういうお店は、お客さんが自然と集まるんです。だからこそ、『どうすれば働く人が楽しくなるか？』を考えてみたらどうでしょう」

もしカフェやレストランをオープンしたいなら、内装や味にこだわるのはもちろん大切。でも、それ以上に大切なのは、お客さんに「このお店の人たち、楽しそうだな」

と感じてもらうことだと思う。

これは飲食店に限らない。フィットネスジム、美容室、花屋さん……どんな業種でも同じことが言えるのではないだろうか。

「ここは楽しそう」と心が動くと、人は誰かに伝えたくなる。そして、そういう場所には自然と人が集まるのだ。

非効率ルール

メッセージを届けるには、自分が誰より「楽しそう」であることが不可欠

第2章

誰でも
今日からできる
PR

～非効率思考 行動編

僕が「1日10PR」すると決めた理由

2017年、僕は、それまで在籍していた講談社から独立し、自分の会社を立ち上げることを決めた。果たしてうまくいくだろうかと不安が消えなかった僕は、自分らしい目標を決めることにした。

「90歳までPRの仕事をしよう！」

大きく成功するよりも、長く続ける方法がないかを探すことにしたのだ。
そんなときに出合ったのが、村上春樹さんの『職業としての小説家』だった。
この本には継続することの重要性がたくさん書かれていたが、とりわけ「なるほど！」と思ったのはこんな話だった。

作家としてデビューする人は数多くいるけれど、30年以上にわたって最前線で書き続けている作家はかなり少数だ。そんな人たちには共通点がある。それは自分なりのルーティンを持っている、ということだ。

これをPRの仕事に応用したらどうだろう。僕も何かルーティンを続けていけば、90歳までPRを続けられるのではないか。そう思った僕は、「これを続けて失敗したら仕方ない」と思えるルーティンを持つことに決めた。

さらに読み進めると、村上春樹さんのルーティンは、「長編の小説を書くとき、毎日、400字詰めの原稿用紙にして、10枚分の原稿を書くこと」だと書いてある。10枚より多くもなく少なくもなく。気分が乗らなく

『職業としての小説家』
著：村上春樹　新潮社

て2枚しか書けない日でも、とにかく頑張って10枚書く。もっと書きたくても10枚でやめる。

つまり、30枚とか50枚とか書いてしまうと、「もう今週は書かなくていいや」となってしまうからだ。これが、継続するうえでの危険なことなのだ。そして、10枚以上書けるときでも、そこでやめておく。そうすると、それが明日へのモチベーションになる。

いかにやりすぎず、いかにやらない日を作らないか。一定ペースで続けることの大事さが語られていた。自分を振り返ってみても、たしかにそうだ。仕事をするときとしないときのムラがある、ということを指摘された気がした。

会社にいると、上司から「あれ、どうなってる?」などと言ってもらえる。けれど、1人で仕事するということは、そういうことを言われなくなるということ。だから、自力で続けていくための指針が必要なのだ。

僕にとって、村上春樹さんの「原稿用紙400字×10枚」にあたるものは何だろう？　と考えてみた。

見つけた答えが、「毎日10件新規提案する」だった。「1日10PR」だ。

PRや新規営業で陥りがちなのは、忙しさにかまけて提案することを先延ばしにしてしまうことだ。だからこそ、自分の力で継続的にアプローチできる仕組みが必要だと考えた。

メールを書いてメディアに企画書を送る。これで1PR。他にもたとえば、メディアの人と撮影で会う予定があったらそこで、新しく担当する本の著者の話をする。これも1PRだ。

とにかく、どんな方法でもいいから、どうしたら本のことを伝えられるかを必死に考えた。

最初から目標通りにうまくいったわけではない。1日10件アプローチすることは本当に難しかった。

新規で提案するメディアといっても、その相手をなかなか思いつかない。あっという間に連絡する相手が尽きてしまうのだ。そこで、村上春樹さんのやり方にならって、少なくてもいいから毎日同じ件数のPRを続けることにした。

歯を食いしばって1年目は、毎日なんとか5件のPRを続けた。

そうすると50万部を超えるベストセラーが生まれた。その本が『妻のトリセツ』だ。

それからは、エレベーターの中、駅のホームなど、どんなところでもPRできるようになっていった。

そして、2年目は1日7PR。3年目でようやく1日10PRにたどり着いた。

今では毎日10PRすることをルーティンにすることができている。

非効率ルール

いかにやりすぎず、いかにやらない日を作らないかが大事

ルールによって行動が変わる

「1日10件の新規営業なんてよくできますね！」と驚かれることもある。正直毎日大変だ。

でも「1日10PR」とルールを決めたので、もう、やるしかないのだ。ただ、続けるとわかってきたことがある。**必要なのは、断られるかもしれないところにも提案する勇気だ。**

たとえば、マンガやアニメで、気になる男子に電話やLINEをしたくてもなかなかできない女子が出てきたりする。「ピッ！」って送信ボタンを押すだけなのにそれができない。それを「ピッ！」ってする勇気だ。

そんなふうに勇気を出して**1日10件のPRを続ける。そうして何が起きるかという と、普段しない行動をするようになる。**毎日が〝新規探し〟になるのだ。

たとえばメディアの誰かからメールが来て、何かを聞かれたとする。これはチャンスだ。

聞かれたことに答えたあとに、「ちなみに……」と、相手が「何だろう？」と思うようなネタを提供する。これで1件。

また、編集者から「黒田さん、著者の○○さんが、あの番組に出たいとおっしゃっているのですが、アプローチしていただけますか？」と相談されたとする。前の僕だったら「え〜、急に言われても困るな」と、つい思ってしまうところだ。

でも、「1日10PR」をルールにしてしまっているから「よしきた、これで新規1

件！どうにか提案できないか考えてみよう！」と思えるようになる。

もちろん、最初の頃は、提案を断られるたびに心が折れそうになった。それでも「1日10ＰＲ」のルールは守り続けた。すると気づけば、アプローチするときの怖さが自分の中から消えているのがわかった。

僕がもっとも心がけたのは、1つひとつの連絡をできるだけ丁寧にすることだ。「10件やればいいや」ではなく、全力で10件のＰＲを繰り返すことが大きな結果につながっていく。

ルールによって行動が変わる。行動が変われば、相手からの反応もポジティブに変わる。

気づけば、自分自身も「明日はどんなＰＲをしようかな」と、苦しかったはずの仕事を楽しめるようになってくるのだ。

非効率ルール

大切なのは、断られるかもしれないところに「ピッ！」ってする勇気

取材には全部立ち会う

僕はテレビに限らず、著者への取材にはどんなときも立ち会うようにしている。ウェブや新聞、ラジオから、タウン誌やフリーペーパーのような媒体の取材にも、もちろん同席する。

著者への取材のなかにこそ、ＰＲをするうえでの宝物が詰まっているからだ。

取材中、どんな質問が飛び交い、著者がどんな表情や言葉で答えるのか、そしてインタビュアーがどのように反応するのか。ここに、本に書いてあること以上の生の情報がある。

インタビューで出てくる質問は、まさにメディアの「お困りごと」の集大成だ。**そ**

の質問（お困りごと）に対する解決策を見つけることが、企画書を作るための切り口となり、次のPRにつながるのだ。

どんなふうに僕が、取材で「お困りごと」と「解決策」を見つけているのか。『妻のトリセツ』の著者・黒川伊保子先生への取材を1つのケースとして話してみる。

僕は、黒川先生が取材で話すことを徹底的にメモする。メモするのは、「インタビュアーの心が動いているな！」と感じた瞬間。さらに、僕自身の心が動いた瞬間だ。そこには、本には書かれていなかった言葉が必ずある。

インタビュアー「〝夫が家事を始める魔法の言葉〟という特集を考えています。毎日のゴミ捨て、スーパーでの買い物、掃除など、どうしたら夫がやってくれるかを、それぞれのシーンで教えてください」

黒川先生「掃除は、〝夫の専門分野〟を作ってください。わが家ではお風呂掃除は私が担当ですが、カビ取りなどここぞという部分は夫に丸投げ。今では洗剤の研究を重ねて、完璧なカビ掃除をしてくれています」

インタビュアー「それはうらやましいですね！　どうしたらそんなにやる気になってくれるんでしょうか」

黒川先生「ポイントは、男性の〝プロフェッショナル思考〟を刺激することです。夫がのめり込めるような家事を選んでミッションを与えます」

インタビュアー「料理だったら、どんなミッションが考えられますか？」

黒川先生「料理であれば、麺類すべてを任せるなど、使命感を持たせます」

まず、メディアが知りたい世の中の妻たちの「お困りごと」は、「とにかく夫が家事をしてくれない」であることがわかる。

その解決策として出てきた「〝夫の専門分野〟を作る」「男性の〝プロフェッショナル思考〟を刺激」「使命感のあるミッションを与える」といったキーワードを次々とメモする。

インタビューを聞くときに、僕が必ず行うことがある。それは、取材している自分とは別に、もう1人の自分が、番組ディレクターさんに提案しているイメージを持つのだ。

「あ！ この話をしたら、あの人、面白がるだろうな」

そんなふうに**ディレクターさんの笑っている顔を想像しながらメモをしていく。**

著者への取材日こそ、「お困りごと」への「解決策」を集められる場だ。そこで集めたメモから企画書を作成するのだ。

非効率ルール

取材のなかにこそ宝物が詰まっている

取材日のスキマ時間にPR機会はある

もう1つ、取材に全部立ち会うといいことがある。それは、メディアの人たちに新しい企画の提案ができることだ。じつは、僕が取材に立ち会う最大の理由がこれだ。

最初に伝えたようにメディアの人たちに、アポイントを取って会いに行く、という方法を取るのは難しい。メディアの人は忙しいからだ。

提案できたとしても、興味がない話をそう長くは聞いてくれない。相手の心を動かす提案をしないと意味がないのだ。

どうにかして印象に残る提案方法はないだろうか。考え続けて僕が見つけたのは、

「取材日にどうにかして提案する」だ。

取材の日には、意外とスキマ時間があるものだ。

たとえば取材の待ち合わせ時間。取材スタッフとの待ち合わせ場所で「カメラマンさんがちょっと遅れています」というときに、1冊提案できる。

みんなが揃って、取材場所の部屋などに移動するときに1冊。取材が終わって出口まで見送りするときにもう1冊。こんな感じだ。

そこを有効活用するために重要なのは、取材日までに、必ず他の著者の本のPRを考えておくことだ。

取材日に新しい本の提案をして、メディアの「お困りごと」を聞き出すためだ。

このように取材に立ち会うことは、PRの視点で考えると宝探しと一緒だ。せっかく取材が決まったのにそこに立ち会わないというのは、せっかく宝物がある島に着いたのに、何も持たずに帰ってしまうのと同じ。
お宝をどのくらい持ち帰ることができるのか。これこそが、取材の醍醐味なのだ。

非効率ルール

いつでも新しい企画の提案をできるようにしておく

エレベーターの中が勝負

取材日のスキマ時間に新しい本を提案する。「簡単そうに言うけれど、そのタイミングが難しい」と思うかもしれない。

いや、僕に言わせると、**どんな瞬間もチャンスになる**のだ。

たとえば、入り口で待ち合わせたメディアの人と、取材場所に移動するエレベーターの中のほんの15秒でさえ、絶好の提案機会になる。

以前、こんな話を聞いたことがある。各国の首脳が集まる会議で重要なことが決まるのは、会議中ではなく、会議の途中や会議後のコーヒーブレイクの時間なのだと。

本当に大切なことは会議で話さずに、コーヒーを飲みながらしているのだという。どこまで本当かわからないけれど、これが本質な気がしている。

この話を聞いて、アポイントを取って話すよりも、むしろエレベーターを待っているとき、乗っているときに提案する、〝**エレベーターブレイク**〟を思いついた。こんな感じだ。

黒田「最近どんなネタが視聴率を取っているんですか？」
メディア「行列ができる店はやっぱり強いです」
黒田「あ、それならまさにおすすめの著者がいますよ！　2時間待ちの行列ができるケーキ屋さんのレシピ本が今度出るんです！」

実際にこの方法は、さまざまな場所で試した結果、もっとも効果的で、「黒田さん！この間エレベーターで話していた2時間待ちのケーキのお店、まだ取材できますか？」と連絡が来たりすることが多いのだ。

提案は会議室でなくてもできる。むしろ、会議室以外で提案する内容こそ、大きな結果を生むことが多い。

この本の冒頭で僕が出した問題の答えは、意地悪だったかもしれないが、じつは用意していた3択のなかにはない。たとえ15秒という短い時間でも、お客さんの「お困りごと」を見つけ、それに応える「解決策」を少しでも提案するべきなのだ。

非効率ルール

提案は会議室でなくてもできる

自分の中に15秒の動画を持つ

ただ、〝エレベーターブレイク〟で提案する方法を使うには、ごく短い時間で相手の興味を引くように話をする必要がある。

そこで僕は、「この本についてはこれを話す！」みたいな、**15秒動画のようなものを自分の中に常に持っておく**ようにしている。

人は長い話を聞き続けてくれない。それは、その話が自分にとって有益かどうかがすぐに判断できないからだ。そのため、とくに重要なのは、最初の2秒。一言目で話を聞いてもらえるかが決まる。

「今、読むと子どもたちが勝手に勉強し始める学習マンガがあるのをご存知ですか？」

少し伝えるだけでいい。話の途中で「チーン！」と、目的階に到着してしまったとしても、それはそれでかまわない。**目的は話を最後まで伝えることではなく、「もっと聞きたかったな」と相手に思ってもらうこと**だからだ。

後日、「先日少しだけお話しした〝今話題の学習マンガ『理科ダマン』〟について、あらためてご紹介させてください！」と切り出すと、「ああ、はいはい、黒田さんから聞いて気になっていました！」とスムーズに会話が進む。

うまく伝えられたときには、「黒田さん、この間エレベーターで話していたあの本、なんて本でしたっけ？」と、相手から連絡が来ることもある。

『つかめ！理科ダマン』
著：シン・テフン、ナ・スンフン
マガジンハウス

ロングバージョンで伝えるのは、相手が「もっと知りたいです」となったときでいい。必ずしもエレベーターの中でなくてもいい。たとえば電車を待つ時間、あるいは偶然トイレで会ったとき。チャンスは意外とたくさんある。

エレベーターで知り合いとばったり一緒になったとき、つい天気の話でやり過ごそう、としてしまう人も多いのではないだろうか。

僕はこの短い時間こそ、有意義に使うチャンスだと考えている。わずか15秒で何を伝えるか。これを常に考えておくことが大切だと思っているのだ。

非効率ルール

エレベーターの中では天気の話をしない

「どれをやるか」ではなく「すべてやる」

「黒田さん、この番組とこの番組、どちらに出たほうがいいですか？」
「新聞とラジオ、どちらに出たほうが本が動きますか？」

編集者から、よくこんな質問をもらう。僕の答えは常に同じだ。
「どちらも出たほうがいいです！　出られるものはすべて出ましょう！」

こう考えるようになったのには、1つのきっかけがある。

PRを始めたばかりの僕が、ある本を担当したときのことだ。たくさんのヒットを手がけている編集者から言われた言葉がある。

「どんなメディアでもいいからインタビューを取ってきて！　著者には、私がお願いして必ず取材を受けてもらうから！」

僕は、毎日1つでも多くのメディアからの取材が決まるようにアプローチを続けた。まずは、ウェブ。さらに新聞、雑誌、ラジオなど、あらゆるメディアにアタックし、続々と取材を決めていった。認知度が上がったところでテレビに提案していく。

その結果、その著者は70以上のメディアで取り上げられ、著書はベストセラーとなった。

音楽も同じだ。どんな名曲でも、一度しか聴いたことがなければ、人の記憶から消えてしまうものだ。何度もさまざまな場所で繰り返し耳にするからこそ、多くの人が好きになるのだ。

実際、**100万部売れた本でも、すべての日本人が知っているわけではない。**ヒットを生むには、「誰もが知っている」という状態を作らなければいけない。

だからこそ、できる限り多くのメディアに取り上げてもらって、より多くの人に本を知ってもらう必要があるのだ。

非効率に聞こえるかもしれない。けれど、「どれをやるか」ではなく「すべてやる」ための方法を常に考え続けることが大切なのだ。

非効率ルール

ヒットを生むには、「誰もが知っている」状態を作る

「3つのランプ」点灯の法則

こういう現象がよくある。テレビに出たのに、本が動かない（売れない）。一方でラジオで紹介されたら、すごく動いた（売れた）。

この現象は、いったいどういうことなのだろう、と考えて思い出したのが、「人の行動には3つのきっかけが必要」という話だ。

そこから僕がイメージしたのは、こんな風景だ。

世の中の人みんなが、それぞれの胸にウルトラマンみたいなランプを3つずつ持っているのだ。

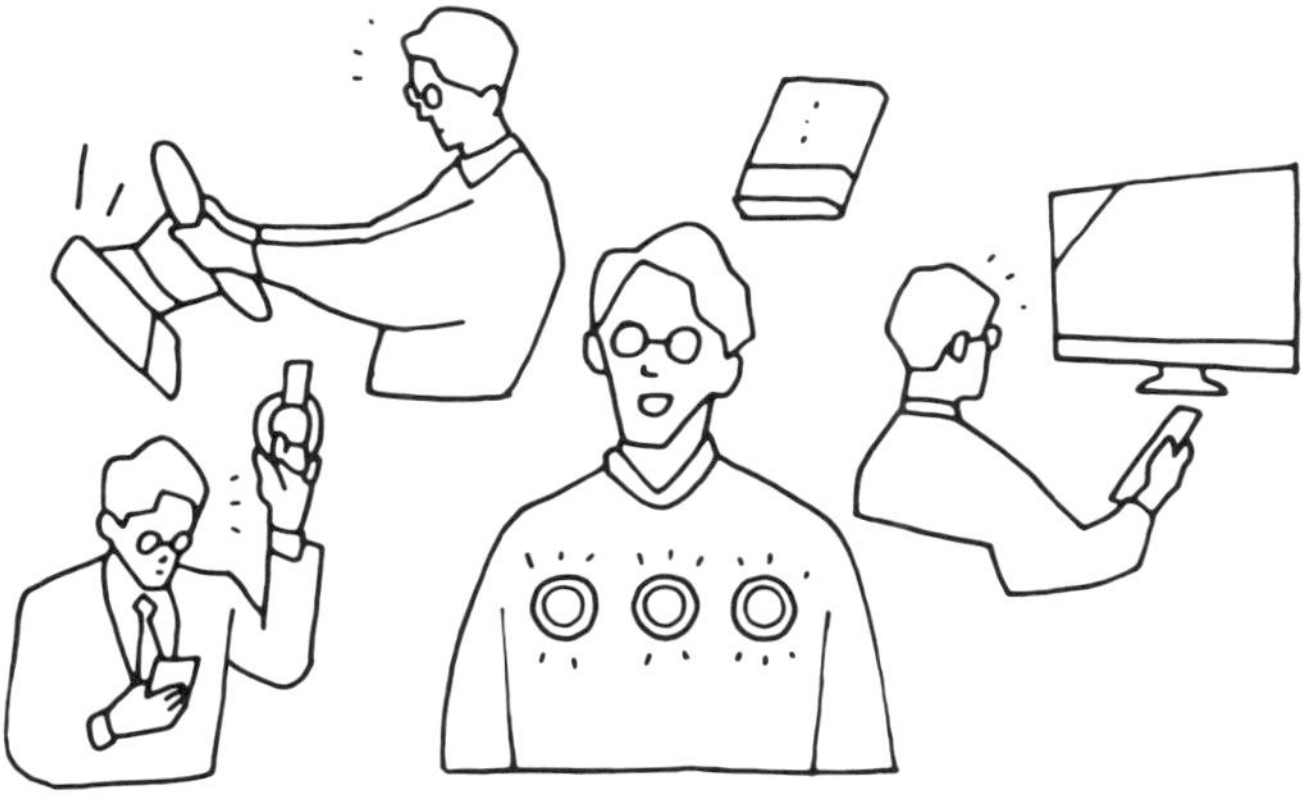

ウェブ、ラジオ、テレビ……。複数のメディアで目にする・耳にすることで、人はようやく「買おう！」という気持ちになる。

たとえば、エクササイズ本がテレビのゴールデンタイムのダイエット番組で紹介されるとする。テレビを見ているみんなの胸のランプがバーッと無数に光る。

それでも、みんなのランプはまだ、それぞれ1つずつしか点灯していない。

翌朝、出勤中、電車でスマホを見ていると、そのエクササイズを取り上げたネットニュースが流れてくる。

ここで、ランプ2つ目が点灯する。

ここでも人は、まだ買わない。気になるけれど、買うまではいかない。

週末、家族でドライブ。車内でかかっているラジオ番組にこの本の著者がゲスト出演し、話している。

妻「この人、いいこと言うね！」

夫「そういえばこの間ネットで見て、このエクササイズ、気になってたんだよね。この本、あとで買いに行こう！」

ここでやっとランプ3つ目が点灯する。コンプリートだ。

PRがうまくいっていないという場合たいてい、みんなのランプがそれぞれまだ1つか2つしかついていない状態、ということが多いのだ。

今では、著者や編集者から「そんなにメディアに出る必要ありますか？」「テレビはいいけど、ラジオに出る必要ありますか？」という質問を受けたときは、この「3つのランプ点灯の法則」を話すようになった。

すると、「たしかに、自分自身がモノを購入しよう、と思うときもそうだな」と、自分の経験と重ねて深く納得してもらえる。そして、イメージができたことで、「よし、ランプを3つ点灯させよう！」とやる気になってもらえるのだ。

面白いのは、**ランプを点灯させるには、大きなメディアである必要はない**ということだ。友だちからの一言。フリーペーパーでの紹介記事。電車に乗っていたときに目の前に座っていた人が読んでいた。そんなきっかけでも、テレビで知ったときと同様に、ちゃんとランプ1つが点灯するのだ。

もどかしいのは、テレビなど影響力のある大きなメディアで紹介されたとしても、1人ひとりの人のもとで点灯するランプは1つだということだ。

たくさんの人たちのランプを光らせることができても、1つのメディアによって光るのは、それぞれの人が持っている3つのランプのうちの1つだけ。一気に3つを光らせることはできないのだ。

ほとんどの人たちは、ここでＰＲすることをやめてしまう。けれど僕は諦めずに、残りの２つが点灯することを目指して、コツコツＰＲを続けるのだ。

非効率ルール

みんなの胸に、「3つのランプ」があることをイメージしてPRする

メディアの「3つのランプ」を点灯させる方法

僕がイメージしているのは、本を購入する読者だけでなく、**メディアの人たちの胸にも「3つのランプ」があると**いうことだ。本や著者をメディアで取り上げてもらうためには、この「3つのランプ」を点灯させる必要があるのだ。

たとえば、情報番組のディレクターさんの「3つのランプ」を点灯させるにはどうすればいいのかを考えてみる。

まず、彼らの生活や1日の流れを想像する。どんなメディアに触れ、どのタイミングで情報を得ているのかを考える。そして、**そのなかのどこで「3つのランプ」を点灯させることができるかを探る**のだ。

朝起きてスマホでXやYahoo!ニュースを確認し、友人からのLINEをチェックする。駅から電車に乗り、移動中にスマホでYouTubeを視聴。テレビ局に到着して勤務先のチャンネルの情報番組をチェックしたあと、1日の仕事をこなす。退勤後、再び電車に乗りニュースやYouTubeを視聴し、帰宅。家ではスマホで動画を楽しみ、最後に友人からのLINEを確認して1日を終える。

こうしてリストアップできるのが、「ウェブ記事」「Yahoo!ニュース」「LINE NEWS」「YouTube番組」「情報番組」「電車広告」などの具体的な接点だ。このなかからアプローチの難易度が低いものを選び、重点的に取り組むことで効果的な施策が見えてくる。

このなかで、比較的取り組みやすいのがウェブ記事の活用だ。多くの出版社は自社のウェブメディアを持っている。また、さまざまなウェブメディアには、本の内容を紹介できる抜粋記事やインタビューの掲載枠がある。まずはウェブ記事を積極的に発信することで、「3つのランプ」を点灯させることができる。

ウェブ記事が注目を集めれば、その後、情報番組での紹介へとつながる。さらに、ランプが次々に点灯し、電車広告やYouTube番組へと展開しながら、メディアでの紹介が次々と広がっていく。

このようにアプローチを細分化し、次に取るべき行動を明確にすることで、効果的に進めることが可能だ。

メディアの人たちの「ランプ」が点灯していくにつれて、企画会議で著者や本の認知度が高まり、提案が通りやすくなる。

非効率ルール

相手が1日をどんな流れで過ごしているのかを想像してみる

「3つのランプ」の力を最大限に活用する

僕がＰＲを担当した仕事のなかでも、この「3つのランプ点灯の法則」を活用して、もっとも成功した事例の1つが、葉っぱ切り絵アーティスト・リトさんの著書だ。

2021年に初の作品集『いつでも君のそばにいる』が発売になったとき、著者のリトさんは、作品投稿をしているSNSである程度の人気が出ていたが、一般にはほぼ無名の存在だった。

「アート本は売れにくい」ということもあり、企画決定時は初版4000部という控えめなスタート。

僕は、ＰＲについてリトさんに2つのお願いをした。

①「メディアを選ばず、すべてのメディアに出てください」

これは、僕の過去の経験からのアドバイスだ。メディア対応は著者の体力を消耗させ、時間も奪う。だが、前述した「3つのランプ」点灯の法則で伝えたように、世の中に本を広く伝えていくには、メディア出演の数を多くすることが不可欠なのだ。

②「実際に読者と会ってください」

全国で作品展とあわせて本のサイン会を行うことを提案した。SNSの世界を飛び出し、直接読者と顔を合わせてリトさんの人柄を知ってもらうことで、作品と本を長く愛してくれる人を増やせると考えたからだ。

リトさんには「この本が自分と同じような境遇の人たちの役に立てれば」と快諾をもらった。

ここからもっとも大切なのが、編集者の協力だ。既刊本のプロモーションに時間を割くとどうしても、これから出す本の制作時間を圧迫する。普通なら「そんなの無理！」と言われてもおかしくない僕の提案にもかかわらず、編集の下井香織さんは、すぐに上司に相談し、次々に実現へと動いてくれた。

『葉っぱ切り絵コレクション いつでも君のそばにいる』
著：リト@葉っぱ切り絵　講談社

毎週取材日を作り、1日に3～4本の取材を組んだ。リトさんは、タウン誌や業界誌といったどんな小さなメディアのインタビューにも時間を惜しまず対応し、情熱を込めてインタビュアーの質問に答えてくれた。

さらに月1回のペースで全国イベントを開催。リトさんの作品を広めるために、**3人で力を合わせて、1つひとつランプを点灯させていった**のだ。

『情熱大陸』や『徹子の部屋』といった全国区の番組に出演する頃には、3つのランプが次々と点灯し、多くの人々の心を照らす結果となった。

もちろん、リトさんの手による葉っぱ切り絵作品が素晴らしかったのは言うまでもない。けれど、その素晴らしさを説明するだけでは本は紹介されにくい。

会社員時代は怒られっぱなしでうまくいかなかったリトさん。その彼が「自らのADHDの特性を生かして、アート活動で成功した」というストーリーと一緒に本を提案できたことが、PRのポイントだった。

リトさんがアーティストでありながら顔出しに応じてくれたことも、テレビに出演するうえで重要だった。多くのアーティストが「作品は出せても、自分は出たくない」と考えるなかで、リトさんの姿勢はテレビ業界から見ても非常に貴重だったのだ。

リトさんは結果的に100を超えるメディアで紹介され、Instagramのフォロワーは2万人から60万人に。『いつでも君のそばにいる』は13万部を超え、著書シリーズは累計30万部を突破。多くの人々の手に届くこととなった。

リトさんの成功は、「3つのランプ」の力を最大限に活用した1つの実践例として、今でも僕の記憶に残る特別な経験だ。

非効率ルール

世の中に本を広く伝えていくためには、少しでも多くのメディアで発信する

明日がワクワクし始める！「1日1PR」

「PRを自分でしたいんですが、何から始めたらいいですか？」

こんな質問をよく受ける。たとえば、僕がPRを担当していない本の著者や書籍編集者が、困って相談してくることがあるのだ。

そんなとき、まずは僕が実践している「1日10PR」の話をする。ただし、もちろんこれは、僕がPRを本業としているからできることであり、日々忙しい著者や編集者が、1日10件も営業するのが難しいことは十分理解している。

そこで**僕がおすすめするのは「1日1PR」だ。**

PRといっても大げさに考えなくていい。まずは、毎日誰かに自分の本のことを伝えてみるだけでいい。

相手は、メディアである必要はない。家族、友人、同僚、行きつけのお店のスタッフなど、誰でもOKだ。LINEやメールでもいい。

大事なのは、相手の反応をしっかり見ることだ。

反応がよくなければ、次回は違う言い方を試してみる。

反応がよければ、その言い方をさらに洗練させてみる。

これを繰り返していくと、同じ本の魅力を短く的確に伝えるスキルが身についてくる。この過程こそが、前述した「自分の中に15秒の動画を持つ」という作業なのだ。

そして、その頃にはPRが楽しくなってくる。なぜなら、次第にみんながその本に興味を持ってくれるようになるからだ。

慣れてきたら、ＰＲの相手をメディアに移していけばいい。

こうなってくると自然と毎朝「今日は誰に伝えようかな！」と、ワクワクするようになるはずだ。

非効率ルール

毎日誰かに伝えるクセをつける

「1日1PR」が最強な理由

僕は、野球やサッカーで活躍するトップアスリートたちのインタビューを聞くのが好きだ。インタビューを聞いていて気づく彼らの共通点がある。それは基礎トレーニングを欠かさないことだ。

野球選手でいうと、毎日の素振りは欠かさない。彼らが圧倒的な結果を出しているのは、この基礎トレーニングを大切にしているからなのだ。

この仕事を始めてたくさんの成功者の取材に立ち会ってきた。彼らから学んだのは、それぞれの分野での〝基礎トレーニング〟の大切さだった。

スポーツ選手に限らず、ビジネスで大きな成功をおさめている人たちもみんな、一度の成功におごることなく〝基礎トレーニング〟を継続している。

PRにとっての〝基礎トレーニング〟とは何だろう。

それは**毎日欠かさず、誰かに伝えること**。日々の積み重ねにより、PRに必要な力が培われる。

毎日誰かに伝え続けることで、本を紹介するための内容が磨かれる。相手の反応を受けて、言い回しや話す順番を調整する力が身につく。

これが「1日1PR」の効果だ。

「1日1PR」を続けて「15秒動画」ができあがる。それを使ったおかげで、ようやく1つのメディアが取り上げてくれたとする。たいていの人は、ここで満足してPRをやめてしまう。たしかに嬉しいけれど、**PRはここからがスタートだ。**

成功事例となった「15秒動画」を使って、新たに1つ、また1つとメディアに提案していくのだ。その反応を見て、「15秒動画」をさらにバージョンアップさせていく。

メディアが取り上げてくれたら、まだまだ磨き上げていく。

すぐに結果が出るわけではない。何ヵ月先かわからないが、いつかのチャンスのために〝素振り〟を続ける。

この小さな努力の積み重ねで、〝ホームラン〟を打つこともあるだろう。ただ、そこでやめない。〝素振り〟を続けることが、本当の成功につながるのだ。

非効率ルール

〝ホームラン〟を打っても〝素振り〟を続ける

誰でもメディアにアプローチできる非効率な方法

「そもそもメディアに知り合いがいないんですが、どうやってアプローチすればいいんですか？」

これもよく聞かれる質問だ。この方法がわからないから、メディアアプローチを諦めてしまう人が多いのかもしれない。

この質問をもう少しわかりやすくすると、「メディアに提案したいけど、黒田さんと違って、メディアの人と知り合う機会がないから、そもそも、アプローチする人を見つけることができないんです」ということのようだ。

でも、僕自身にとっても、アプローチすべきメディアの連絡先を見つけるのは、今でもいちばん大変なことの1つなのだ。仲の良いディレクターさんが、急に別の番組に変わってしまうことはよくあることだ。

そこで僕がやっていることは、「考えられることをすべてやってみる」だ。いつだって「これだけやっておけばよい」という答えはない。

ただ、**「メディアに知り合いがいないのですが、どうすればいいですか？」という問いは、じつは、巷でよく聞く「出会いがないのですが、どうやったら見つけられますか？」という問いとほぼ同じ**だとも言える。

僕はいつもどうしているのか。これまでどうやってメディアの人とつながってきたのか。自分の経験を振り返り考えてみる。

①身近な知り合いを徹底的にあたる

「出会いがない」という人は、えてして身近にいる魅力的な人に、気づいていないことが多い。学生時代の同級生や昔からの友人に、じつは出会いが隠れていた、というケースは少なからずあるものだ。

メディアへの連絡も同じだ。僕の場合、**スマホの登録、メールでのやり取りなど、過去に少しでもやり取りしたことのあるメディアの人がいないかを徹底的に見返す。**

②人に紹介してもらう

「出会いがない」場合、「人に紹介してもらう」というのも、1つの手だろう。ごく薄いつながりでも手繰り寄せていけば、なんとか1人くらいは見つかるものだ。

ただ、紹介してもらうためには、自分自身が「この人になら紹介できる」という信頼される人物である必要がある。

そのためにも僕は、日頃から人に頼まれた仕事は一生懸命やるようにしている。なぜなら、自分の都合で突然頼ろうとしても「こんなときだけ？」と思われてしまう可能性があるからだ。この話は第４章で、もう少し詳しく書く。

③自力で声をかける

出会いを探す最終的な手段は、「自分の力で探す」ということになる。これが当然いちばんハードルが高い。

声をかける勇気がない。探す時間がない。みんなここでつまずいてしまうわけだ。

僕の場合、**勇気を出して、テレビ番組や各媒体の代表番号に電話する**。特別なＰＲでなくても誰でもできる当たり前の方法だ。

もちろん、道端を歩いている人にいきなり声をかけても、相手をしてもらえる可能性は限りなく低い。見知らぬ相手に声をかけた理由を伝える必要がある。

だから、僕がメディアの代表番号に電話する場合、電話するにいたったストーリーを伝える。

「著者がこの番組のファンなんです」

「以前読んだ記事にすごく感動したので、担当された編集の方にぜひつないでいただきたいんです」

なぜ、他でもないあなたに連絡したのか。その理由を伝えることが大切だ。

④相手の「お困りごと」をケアする

イレギュラーなところで、僕がよく編集者に伝えるのは、相手の「お困りごと」に応えるついでに提案する方法だ。

編集者のところにテレビ局などから「表紙画像をください」「書籍に掲載されている写真をください」という連絡が入ることがある。担当した書籍の著者出演にともなって、メディアの人から写真データの送付を頼まれるのだ。

これこそ、相手の「お困りごと」に応えられるタイミングだ。この**メールを返信するときが、出会いにつなげる絶好のチャンス**なわけだ。

相手が必要としている写真をただ送るのではなく、「本には掲載していないのですが動画もあるので、一緒に送りましょうか？」と、相手の期待を超える提案をしてみる。勇気を出して、何か1つ提案してみることが大切だ。

そして、放送後にはお礼のメールを送る。その際、「ちなみに、こんな企画はいかがでしょうか」と、他の書籍の企画をさりげなく提案してみる。

ただこれも、なぜその企画をその番組、その時期に提案するのか、理由やストーリーとともに送ることができないと意味がない。**常に、その本はどんなストーリーを**

持っていて、どんな人に伝えるといいのかを考えておく必要があるのだ。

正直なところ、非効率だと思う部分もある。でもこれ以外に方法はない。
「信頼関係は1日にしてならず」なのだ。

非効率ルール

毎日の1つひとつの仕事を大切にする

第3章

人の心を動かす
ストーリーテリング術

～非効率思考 コミュニケーション編

事実ではなくストーリーで伝える

「どうも相手の心に響いてないな」

ＰＲしていてそう感じるときがある。

それは、「本の内容の素晴らしさを伝えよう」としてしまっているときだ。

著者と編集者の思いが込められた本の内容が素晴らしいのは当然のこと。ついついそこを伝えたくなってしまう。けれど、**データや事実は単なる情報にすぎず、相手の心に響きにくい**ものなのだ。

そこで、その事実が生まれた背景を「ストーリー」に変えて提案することが必要になってくる。

たとえば、スティーブ・ジョブズのプレゼンテーションが、なぜ心に響くのか。それは、まさにストーリーで伝えているからだ。iPhoneを発表するとき、こんな言葉からスタートする。


2年半、この日を待ち望んでいました。

時折、すべてを変えてしまうような革新的製品が現れるものです。

Appleは非常に幸運でした。そのような製品をいくつも世に送り出すことができたのです。

1984年 マッキントッシュを発表。

それはAppleを変えただけでなく、コンピューター業界全体を変えました。

２００１年 初代iPodを発表。
それは音楽の聴き方だけでなく、音楽業界全体を変えました。
本日、このような革命的な新製品を３つ発表します。

このあと、じつはこの３つの新製品というのは、「iPod」「Phone」「Internet」の３つを１つにした「iPhone」であることを伝えて、すべての観衆を魅了していく。

このプレゼンテーションの何がすごいのか。それは、商品の説明をほとんどせずに、興味を持たせている点だ。

Appleという会社のストーリーだけではなく、「あなたたちは、未来を変える新製品の発表に今、立ち会っているんだよ」というストーリーを提示している。

このプレゼンテーションは、本のPRにも応用できる。**この本を取り上げると視聴**

者の心をどんなふうに動かせるのかを、メディアにストーリーで伝えるのだ。

僕がPRを担当した『温めれば、何度だってやり直せる』を紹介したときを例に、考えてみる。この本の内容を「事実」で伝えるとするとこうなる。

「久遠《くおん》チョコレート」という会社が出した本をご紹介させてください。著者は創業者の夏目浩次さんです。年間売上18億円を達成していて、全国で約550人のスタッフを雇用し、その7割にあたる約350人が障害者です。障害者スタッフの平均月収は16万円となっています。今、話題の夏目さんをご紹介いただけませんでしょうか。

一方、「ストーリー」で伝えるとこうなる。

今、話題の久遠チョコレートをご存知ですか？

これは、「全国平均賃金1万6000円」という障害者雇用の世界に、チョコレートで革命を起こした男の物語なんです。

障害者支援のために夏目さんが始めたパン屋は失敗し、あっという間に1000万円の借金を抱えてしまいます。

大きな壁に直面した夏目さんは、チョコレート作りに事業を転換。パンと違って失敗しても「温めて溶かせば、何度でもやり直せる」のがチョコレート。これが、障害者の〝稼げる場所〟を作り出し、彼らの所得を全国平均の10倍にしました。

10年たった今、久遠チョコレートは全国に40店舗以上を展開し、年商18億円の会社に。チョコレートが奇跡を起こし、生きづらさを抱える人たちの新たな可能性を切り開いたのです。

このように「成功した」という「事実」だけではなく、成功の背景と会社の未来を「ストーリー」で紹介することで、久遠チョコレートは、たくさんのメディアに取り上げられた。

いかに本の内容を説明せずに、「その本、読んでみたい！」と思わせるか。

PRの仕事とは、単に情報を伝えることではない。大切なのは、相手の心を動かすための「ストーリー作り」なのだ。

『温めれば、何度だってやり直せる』
著：夏目浩次　講談社

非効率ルール

ストーリーで伝えるから、相手の心を動かせる

〝現象〟を伝えるとストーリーが最強になる

メディアに本を提案する際、必ず聞かれる質問がある。それは、「なぜ今、この本を取り上げる必要があるのか？」というものだ。

この質問に答えるためには、**単に本を紹介するのではなく、〝現象〟と一緒に提案することが必要**だ。

たとえば、美容家・石井美保さんの美容本を提案したときのことだ。

最初に提案するべきは、石井さんの美容メソッドではない。まず「なぜ今、この本を取り上げる必要があるのか？」という現象を探した。

当時はコロナ禍の影響で外出が制限され、メイクアップ用品よりもスキンケア用品が売れている、というニュースが話題になっていた。そこで、「スキンケア用品が今、爆売れしている」という〝現象〟とともに本を提案する。

とくに情報番組では、〝現象〟なしでの紹介は難しい。

そのため、〝現象〟を軸にストーリーを作り、番組で取り上げられる場面を具体的にイメージしながら提案を組み立てる。

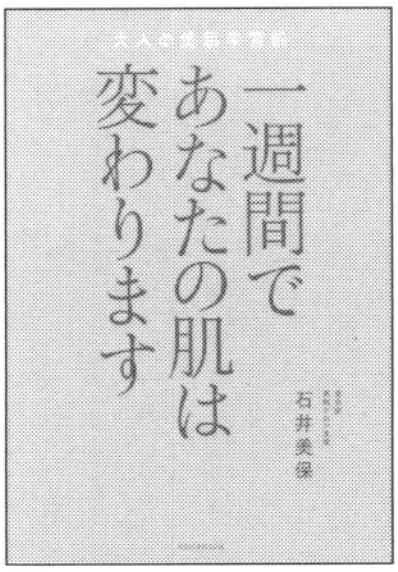

『一週間であなたの肌は変わります』
著：石井美保　講談社

【現象】

現在、コロナ禍で外出が制限されている影響で、メイク用品よりも洗顔などのスキンケア商品が爆売れしている。

（例：ドラッグストアの店員へのインタビューで裏付け）

【ストーリー】

美肌のカリスマ美容家・石井美保さん。彼女も、もともとは自分の肌に多くのコンプレックスを抱え、あらゆる化粧品をそろえていた。そんな彼女が試行錯誤の末見つけた美肌を手に入れる唯一の方法。それは「与える」ことではなく、「落とす」洗顔・クレンジングを見直すことだった。

【内容】

本の内容から「肌をこすらない洗顔メソッド」などを紹介。

こうして、番組で紹介されたときの具体的な構成をイメージして提案するのだ。

提案時には、たとえば次のように切り出す。

「ご存知ですか？　今、コロナ禍で外出ができない影響から、メイク用品よりも洗顔などのスキンケア商品が爆売れしているんです」

石井さんが番組に出演すると、そのあまりの美肌に視聴者が驚き、こすらない洗顔メソッドはＳＮＳで瞬く間に話題となった。結果、この本は10万部のヒットとなった。

相手の心を動かすストーリーは、〝現象〟とセットになってはじめて、今、メディアで取り上げるべき強固な理由となるのだ。

非効率ルール

相手に伝えたいことがあるなら、まず〝現象〟を探す

人の話もストーリーで聞く

人に何かを伝えたいときは、事実ではなくストーリーで伝える。

僕は、人の話を聞くときにも大切なことは同じだと思っている。初対面の誰かと話すとき、**相手が今、何をやっているかではなく、これまで何をしてきたかを聞く**ようにしているのだ。

誰かと2人で食事をする際は、その人が生まれてから現在にいたるまでの流れを時系列で聞き出す。

「中学生の頃に考えていたことを、まさに今、実現しているんですね！」などと話が盛り上がる。話しながら、その人の『情熱大陸』を作っていく感じだ。

それほどゆっくり時間がないときも、たとえば雑誌編集者だったら「以前はどの雑誌を担当していましたか？」と尋ねる。「そうなんですか！ ではその前は？」と時間がある限り遡《さかのぼ》っていく。

誰もがそれぞれのストーリーを持っているものだ。そして、それを語ることをイヤがる人はほとんどいない。むしろ喜んで話してくれる。

僕が熱心に相手のストーリーを聞いていると、「まだ僕の話、しててもいいんですか？」と聞かれることが多い。「もちろんです！」と僕はさらに聞く。

こうして**相手を「今」という点ではなく、「過去」と「今」をつなげた線として知るのだ。**相手の背景をストーリーとして把握すると、その人のことをより深く理解できる。

その人を誰かに紹介する機会があれば、誰よりも詳しくその人を紹介できるようになっている。

これは、僕がメディアの著者への取材に必ず立ち会う理由の1つでもある。インタビュー中に著者の話を聞くのはもちろんだが、インタビューの合間に、僕は著者にあれこれ質問する。ここでストーリーを集めているわけだ。

ストーリーで相手を理解しているからこそ、ストーリーでメディアに提案ができるのだ。

じつはこれは、子どもの頃の習慣から身についた僕のクセなのだと思う。僕が子どもの頃から黒田家では、夕食時、その日にあったことを親に事細かに話すのが日課だった。

たとえば、小学校の修学旅行から帰ってくると、2泊3日すべての行動を1日目の朝から、順番に話していくのだ。

僕が話すと「それで?」「それで?」と面白がって聞いてくれるので、ついついストーリー仕立てにして、いつまでも話してしまうのが常だった。僕の話をいつも両親は楽しみにしてくれていたのだ。

「相手に興味を持って話を聞く」のが、何よりコミュニケーションの第一歩だ。僕は、それを子ども時代の食卓で学んだのだ。

非効率ルール

誰もがその人だけのストーリーを持っている

PRは言い換え力

PRの目的は、本の内容を説明することではなく、相手にその本や著者に興味を持ってもらうことだ。どれだけ事細かに説明しても、相手に伝わらなければ意味がない。

石阪京子先生の『奇跡の3日片づけ』を提案したときのことを例にあげてみる。具体的な片づけメソッドの説明はしなくてもいい。ポイントは、**難しい言葉は使わず、誰でも理解できるシンプルな言葉で言い換える**ことだ。

まず、片づけられない人に共通する問題を本の中から探してみる。すると、その1

つは「一度片づけてもすぐに散らかってしまう」ということだとわかった。

ここで、片づけ以外の身近なジャンルで、共通点があるものがないかと考える。

すぐ元に戻ってしまうものといえば、ダイエットだ。

そこで、ダイエットといって誰もがイメージしやすいライザップで言い換えてみることにする。


片づけとダイエットはとても似ているのをご存知ですか？

「一度成功しても、リバウンドしてしまう」ことが共通の問題なんです。

たとえば、ライザップでは契約期間中、トレーナーに日々の運動・食事を報告したり、そのフィードバックをもらったりしますよね。トレーニングも大切ですが、トレーナーが常に見守ってくれることが成功の鍵です。

片づけも同じです。１人でやるのではなく、その日の片づけの進捗を先生に報告し、フィードバックをもらえることが重要なんです。

片づけアドバイザーの石阪先生の場合、もし何を捨てるべきか迷ったら、すぐにLINEで相談できます。先生はすべての連絡に返信し、家が片づくまで励ましながら一緒に進めてくれます。

これを繰り返すことで、いったん片づけ切った家はリバウンドしないんです。そして、その後も、毎日きれいなキッチンの写真を先生に送ることで、きれいな家をキープし続けられるのです。

石阪先生は大変人気で、本もベストセラーとなり、10万部を突破しました。

もし片づけの特集をお考えでしたら、ぜひご連絡ください。

片づけができる家とリバウンドしてしまう家の違いを相手にわかりやすく伝えるだ

けで、メディアで取り上げてもらえる可能性が高くなる。

誰にも身近でイメージしやすい事象のなかに、ＰＲしたいものと共通点のあるものがないかを考えて、たとえてみる。この方法はあらゆるＰＲで使うことができる。

大切なのは、ＰＲしたいものの内容説明に固執しないこと。業界特有の専門用語などは使わず、相手の「お困りごと」に応えるストーリーをわかりやすく言語化することなのだ。

非効率ルール

誰でも理解できるようシンプルに言語化して伝える

新しい情報はすぐにアウトプットする

ＰＲの仕事は、単なる「情報の伝達」ではない。その情報がどれだけ魅力的か。これが相手に伝わらなければ意味がない。第2章で「著者への取材にはすべて立ち会う」と書いたが、本当に重要なのは、取材後の行動だ。

取材中は著者が話していることをひたすら聞くことで、いったん著者の脳内を自分の中にインストールする。さらにインタビューを聞いて、自分の心が動いた内容をメモしておく。

ただ、この情報を自分のメモに書き留めておくだけでは、まだその価値を十分に引き出すことはできていない。

僕は、**取材で得た興味深い話題や新しい知識は、その日のうちにメディアに提案するか、誰かと共有する**ことを心がけている。メールや会話で誰かに伝え、さらに、情報を伝えた相手の反応を見る。こうしてはじめてその内容が、単なる情報を超えて、誰かに伝えるべき明確な価値のあるストーリーになる。

インプットした情報は、アウトプットすることではじめて生きたものとなり、次の企画や提案のヒントにつながる。

この方法は間違っていない、と確信したのは、ベストセラー『科学的根拠に基づく最高の勉強法』のＰＲを担当したときだった。著者の安川康介先生は「アウトプットすることこそが、記憶を長期に定着させる効果的な勉強法だ」と語っているのだ。しかも、誰かに教えると、さらに効果が高いのだという。

「その日のうちに誰かと共有する」を繰り返すことによって、自分の頭にも情報がしっかりと記憶され、磨き上げられる。だからこそ、その本をメディアに提案する際も、相手が必要としているストーリーとして伝えられるようになるのだ。

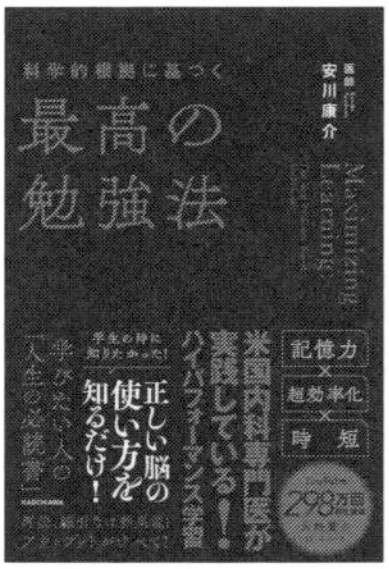

『科学的根拠に基づく
最高の勉強法』
著：安川康介　KADOKAWA

生の貴重な情報のインプット。「情報」と「人」とをつなぐアウトプット。これらをセットにして繰り返すことで、次にやるべきことの整理となり、ＰＲを継続していくうえでの強力なツールになっていくのだ。

非効率ルール

取材のあとはその日のうちに誰かと共有する

決まるメール／決まらないメール

僕は、メールを送るのが本当に嫌いだった。それは子どもの頃から、文章を書くのが苦手だったからだ。

講談社で働き始めると、周りは〝言葉のスペシャリスト〟だらけだった。文章に自信がないため、じつは最初、メディアに提案するメールを送るときも、自分のメールを各書籍の担当編集者に添削してもらっていた。

自分の文章を見られるのが恥ずかしくて、本当にイヤだったけれど背に腹はかえられない。たくさん直してもらってから、ようやくその文面をメールしていた。けれど、なかなかメディアからの返信というのは来ないものだ。

ある日、いつものようにメールを見てもらおうとしたところ、担当編集者が会社にいなかった。でも、一刻も早くメールを送らなければならなかった僕は、「もう仕方ない！」と開き直って、自分なりに無我夢中でメールを書いて送った。

するなり、大きなテレビ番組がいきなり決まったのだ。

そのときに気づいた。「あれ？　もしかしたら〝用語として正しい文章〟と〝相手に伝わる文章〟は違うんじゃないか？」と。

思えば、編集者に見てもらっていたときは遠慮もあって、自分の考えは書かずに、情報の羅列になっていた。

一方、1人で書いたメールには、本に書いてあることだけでなく、著者から聞いた話や、編集者の意見、そして自分の考えたことをすべて詰め込んだ。とくに意識したのは、本のよさや著者の魅力を伝えるだけでなく、番組ディレクターさんの立場になって、「どうすれば喜んでもらえるだろうか」「どんな企画であれば興味を持ってもらえるだろうか」といった視点で工夫を凝らしたのだ。

ほとんど自分がしゃべっているみたいに書いた。誤字脱字や、日本語としておかしいところはあったかもしれない。

とにかく、番組ディレクターさんが企画会議でみんなの爆笑を取っている姿を思い浮かべながら、それだけを考えてメールを書いた。

けれどそのメールを見たディレクターさんから返信が来て、「メールありがとうございます。企画通りました！　たとえば、他にもこんなこともできたりしますか？」と話が広がっていったのだ。

この経験をきっかけに、僕はメールを送るときはまず、**「どうすれば受け取った相手が企画会議を盛り上げられるか」を考える**ようになった。

必ずしも素晴らしい提案でなくてもいい。相手が知らない情報の共有。素早い返信。クスッと笑える内容。形はさまざまだ。

相手の顔を思い浮かべ、ときにはニヤニヤしながら「このメール受け取ったら、あの人、きっと喜ぶだろうな」と思いながら書くのだ。

それ以降、僕のメールは相手に届きやすくなり、提案する企画がテレビや雑誌、新聞で取り上げられる確率がどんどん上がっていった。

僕がメールを書くときに大切にしていることがある。それは、メディアに取り上げてもらえるようアピールするよりもまず、「黒田さんからメールをもらうと嬉しい」と、相手から思ってもらえるように考えることだ。

言葉を届ける入り口は「メディア」ではなく、あくまでも「人」なのだ。

非効率ルール

メールはしゃべっているみたいに書く

行列のいちばん後ろに並ばない

一斉メール送信でリリースを送るのは、一見効率的に見える。でも僕に言わせると、それは、長い行列の最後尾に並んでいるように思えるのだ。

僕の仕事は、その行列に並ばずに、どうしたら直接相手に届くかを考えることだ。

一斉メールにも、もちろん意味はある。とくに「ちょうどその情報を必要としていた」という人には有効だ。ただ、届いた相手の心を動かしづらいのは「みんなに送ってるんですよね？」と思われてしまうからだろう。

だから僕がメールを書くときに大切にしているのは、相手に「なるほど、だから私に送ってきたんだな」と思ってもらうことだ。

なぜなら、**届けなければいけない相手は、パソコンやスマホの画面ではなく、相手の心だからだ。**リリースを送ったとしても、受け取った相手の心が動かなければ、行列に並ぶ意味がない。

そこで僕は、メールを送るときには、相手に合わせて1件1件オンリーワンな文章にするようにしている。オンリーワンといっても、まるごとオリジナルにする必要はない。

工夫するのは最初の2行、あるいは最後の2行だ。本題とは別に、2行だけでいいから、相手が関心を持ちそうなトピックをさりげなく話題に入れるのだ。

「今度、東京マラソンに出場します！　サブフォー目指してます！」そんなことをメールの最後に書いてみる。すると、「黒田さん東京マラソンに出るんですね！　頑張ってください！」と、普段は返信がこないディレクターさんから連絡が来たりする。

行列に並ばず、結果的に〝割り込み〟した状態になるのだ。

ビジネスだからといってメールにしなければ、とこだわらず、相手によってはLINEやショートメールで送るのが効果的なこともある。

つまり、相手の印象に残る届け方を徹底的に考えるのだ。

このひと工夫を手間に感じてしまう人もいるかもしれない。ただ、人と同じことをしていては、人と同じような結果しか得られない。

誰にでも送れる内容は誰にも伝わらない。1人に深く響いた言葉こそが、結果として多くの人に届く力になる。非効率なひと手間をかけるからこそ、他の人との差を生むことができるわけだ。

〝割り込み〟でずるいかもしれないけれど、だからこそ効果的なのだ。

非効率ルール

メールには、2行でいいからオリジナリティを出す

「ちなみに」のあとが本題

どうすれば相手に「何それ？」と思わせることができるだろうか？

メディアの人に本を紹介するとき、僕はいつもそう考えている。本の内容をただ説明するだけではなく、相手に興味を持ってもらいたいからだ。

だからこそ、**メディアの誰かからメールが来て、何か聞かれたときは大きなチャンスだ**。聞かれたことに答えたあと、「ちなみに」と切り出して、相手が思わず「何だろう？」と思うようなネタを提供する。本当は「ちなみに」のあとが伝えたい本題なのだ。

新規営業のチャンスというのはそう多くはない。だからこそ、進行中の企画でのやり取りの合間が、新規提案をする絶好の機会になる。

でも、伝え方はなるべくさりげないほうがいい。その効果的な方法が、「ちなみに」を使って話題を提供することだ。

「ちなみに」は、ビジネス用語としてはフランクすぎるかもしれないが、ちょっとワクワクする感じがあって、僕はこの言葉が大好きだ。

「ちなみに」の使い方は、こんな具合だ。

先日の撮影ではありがとうございました。著者の先生も、とっても喜んでいました。また、お仕事でご一緒できる日を楽しみにしております。

ちなみに、ぎょうざが主人公の絵本が、今話題になっているのをご存知ですか？　絵本新人賞も取ったんです！　今度お会いしたときにご紹介させていただきますね。

オマケのように軽いトーンで伝えるイメージだ。意外と「黒田さんのメールはオマ

ケがいい」と言われることもある。こうすることで、**相手の頭の中に小さな欠片のようなものを残す**ことができるのだ。

たとえば「残念ながら企画が通りませんでした」というメールをもらったときに、僕は、「そこをなんとか」と再プッシュすることはまずない。そのディレクターさんも全力で頑張ってくれたからだ。そんなときは無理に今の企画に固執はしない。思い切って別の企画を提案するのだ。ここで使えるのが「ちなみに」だ。

『ぎょうざが いなくなり
さがしています』
著：玉田美知子　講談社

『おすしやさんに
いらっしゃい！』
著：おかだだいすけ　岩崎書店

ご検討いただきありがとうございました。またおすすめの著者がいましたらご連絡させていただきます。

ちなみに、すし職人が著者の写真絵本が今話題になっているのをご存知でしょうか？ 小学生の課題図書にも選ばれたんです。今度詳しい内容をお送りさせていただきますね。

そうすると意外なことに、そちらの提案が通ったりする。そんなことがたびたびあって、断られたときこそ「別の企画を提案するチャンスだ！」と前向きに捉えられるようになった。

企画書を送る必要はない。「ちなみに」のあとのフレーズが相手の印象に残ると、返信や次に会ったときに、こちらから言わなくても、相手からこの本のことを話題にしてくれることがあるのだ。

非効率ルール

「ちなみに」を活用し、小さな欠片（きっかけ）として伝える

退職お知らせメールには全力で返信する

ＢＣＣで送られてくる「退職します」というお知らせメール。自分宛ての特別なメッセージが含まれているわけではないので、きっと返信しない人がほとんどだと思う。

けれど、僕はこういったメールを受け取ったときは、全力で返信するようにしている。なぜなら、退職する方に、自分が一緒に仕事をした時間を大切に思っていることを伝えたいからだ。

ただ、ＢＣＣメールを送る側は、基本的には「お知らせしているだけ」で返信が来るとは思っていないはずだ。

だからこそ、「返信したら驚くだろうな」とワクワクしながらメールを書くのだ。返信する際には、過去の仕事の思い出を振り返りつつ、新しい環境での活躍を心から応援するメッセージを丁寧に込める。

すると、そこから新たなつながりが生まれることもある。退職後も関係が続き、後々思いがけないプロジェクトで再会することも少なくない。

僕が現在仲良くさせてもらっているメディアの方々も、じつは僕が書籍ＰＲを始めたばかりの18年前からずっと知り合いの人が多いのだ。

1つひとつの出会いを大切にしてきた結果、何度もピンチを救ってもらった。

人とのつながりを大切にすること。

これが僕の仕事の姿勢であり、ＰＲにおいて生かされている大切な考え方だ。

非効率ルール

人とのつながりを大切にする

「その後いかがでしょうか?」とメールしない

企画の打診や提案のメールに「検討します」という返信が来て、そのままになっている。そうすると、人は気になって、ついつい「その後いかがでしょうか?」と聞きたくなってしまうものだ。

だけど僕は「その後いかがでしょうか?」とはメールしないようにしている。進展があれば相手から連絡が来るはずで、何もない場合にこちらから確認するのは配慮に欠けると感じるからだ。

ただし、意外にも「連絡を忘れていました！　企画通りましたよ！」ということがあるのも事実。では、提案した企画の進捗を確認したいときはどうするのか？
「その後いかがでしょうか？」とは言わずに、相手がもし忘れていた場合でも、自然と思い出してもらえるように連絡方法を工夫するのだ。

たとえば、「今日の『現代ビジネス』に、著者インタビュー記事が掲載されました！もし特集をお考えでしたら、参考にしてくださいませ」といった、相手に役立つ情報を添えて連絡する。

これは、偶然街なかで会ったときのような自然なやり取りをイメージしている。僕の顔を見て「あ、黒田さんに連絡するのを忘れていた！」と思い出してもらうくらいがちょうどよいのだ。

相手から提案してきた件を「その後いかがでしょうか？」と尋ねられたら、僕も正直、いい気持ちがしない。

子どもの頃「自分がされてイヤなことを相手にするのはやめましょう」と教わった。それと同じようにシンプルなことだ。

相手の立場に立ち、イヤな気持ちにさせないように配慮しながら行動すること。それが、僕が仕事で大切にしていることだ。

非効率ルール

自分がされてイヤなことは、相手にもしない

第4章

目指すのは全員がハッピーになるPR

～非効率思考 チーム作り編

1人で頑張ろうとしない

　2007年、僕は書店の外商部から講談社の書籍PRに転職したのだが、最初に配属されたのは書籍編集部だった。編集部に当時、PRを強化しよう、という狙いがあり、採用されたのだ。入ったはいいものの、僕は本のPRをやったことはないから、何をしたらいいのかわからない。

　編集部だから当然周りは編集者ばかりだ。編集会議に出席しても、それまでの仕事とは違いすぎて、みんなが話している言葉からもう理解できない。どうしたものかと、ただ編集部のデスクに座っていた。担当書籍も与えられず、成果を出せない日々が続くのがつらかった。

ようやく担当させてもらったのが『「体幹」ランニング』という本。東京マラソンが２００７年に始まり、ランニングブームが来た頃だったのだ。

ここで僕は、書店外商時代の成功体験である〝ＩＢＭ方式〟を使うときがきた！と思った。本を「おすすめ」するのではなく、メディアの「お困りごと」を聞くのだ。

メディア１つひとつに連絡をしていき、たしかに「お困りごと」が集まった。

ただ、ＰＲを始めたばかりの僕には、対応できないものばかりだった。

たとえば「ランニングが流行っているという〝現象〟ってどこかにありますか？」「それは映像で撮れますか？」と聞かれる。僕には見当もつかず、途方に暮れてしまった。

書店時代のお客さんだった図書館の「お困りごと」は、なんとか１人で解決できたが、メディアの「お困りごと」は、到底僕１人で解決できるものではなかったのだ。

なんとか自力で解決しようとしたものの限界を感じた僕は、編集者に思い切って相談した。すると編集者が「一緒に著者に頼みに行こう！」と言ってくれたのだ。

編集者と一緒に著者の金 哲彦先生に相談をしてみると、僕の知らなかった〝現象〟を教えてもらえた。当時、市民ランナーがこぞって皇居の外周路を走るようになり、近隣の銭湯は着替えを預けるランナーで溢れている、ということだったのだ。

そこでメディアに「皇居ランナー」「銭湯ランナー」というワードとともに空前のランニングブームが起こっていることを伝えた。ただ、多くの市民ランナーは、正しい走り方がわからないまま走っている。だからこそ、金先生の提唱する「体幹ランニング」が必要なはずだと提案した。

その結果、テレビ、新聞、雑誌など、たくさんのメディアで取り上げられたのだった。

僕の書籍ＰＲとしてのキャリアはここからスタートした。しかもこの本はその後、毎年の重版を繰り返し、10万部のロングセラーとなったのだ。

ヒットになったことより嬉しかったのは、金先生と編集者から「こんなに本のために動いてくれてありがとう」と感謝されたことだ。

考えてみたら、書店の営業マン時代は、相談できる相手といえば上司だけだった。「チームで問題解決する」ということができず、１人で駆けずり回っていた。そこからの大転換となったのが、僕がＰＲの仕事を営業部や宣伝部ではなく、編集部に所属しながら始められたことだ。

偶然にも編集部に所属することができたことで、その後も、編集部にいると「こんな本を作ろうとしているのだけど、黒田くん、どう思う?」「今度、著者に会いに行くけど、一緒に来ない?」など、本を作る過程で、編集者たちと会話しながら、ＰＲをすることができた。

この経験は僕にとって、かけがえのないものとなった。

ここから、メディアの要望を僕が聞き取り、それを**著者、編集者、僕（PR）の3人で一緒に解決する**、という僕のPRのスタイルが生まれたのだった。

非効率ルール

自分1人で解決しようとせずに、仲間を見つけて一緒に考える

「頼む」のではなく「頼る」

僕はテレビの人に「この本、取り上げてください」と頼むことはほとんどない。なぜなら、頼み込んで決まることは、めったにないからだ。

重要なのは、テレビで取り上げてもらうために**何が必要かを考え、その情報を〝尋ねる〟**こと。人はついついこの〝尋ねる〟ことを忘れてしまう。

僕は自分の経験から、「1人でやるよりも、みんなでやる」ほうが絶対よい結果になると思っている。

仕事は団体戦だ。その団体戦の仲間というのは、けっして著者や編集者だけではない。メディアの人たちだって、団体戦のチームメイトだと考えている。

「レシピ本をもし取り上げていただくとしたら、どんな方法がありますでしょうか？ ぜひご意見をお聞かせください！」と、メディアの人に、あくまでも前向きな姿勢で聞いてみるのだ。

「やっぱり手間なしレシピか節約ネタが嬉しいですね」という要望があれば、それを聞きながら、自分もテレビのスタッフの一員になった気持ちで相手と一緒に考える。

言われた通りそのまま用意する必要はない。参考にすればいいのだ。大切なのは自分だけで完結しようとせず、誰かに頼ることだ。

そこで、自分が担当している本のなかから、「手間なし」と「節約」の両方が入ったフライパン1つでできるレシピ本を提案。すると、こんな反応が返ってくる。

「いいですね！ 明日の会議に出してみますね！」

こうなると、一緒に企画を作っている感じになっているのが、わかるだろうか？ この段階で、番組スタッフと〝チーム〟になれたような流れを作れるのが理想的な状態だ。

大切なのは要望を聞いたら、必ず提案することだ。**「尋ねる」と「提案」がセットになってはじめて「頼る」が成り立つ。**

頼むのではなく頼る。これができるようになったことが、僕のPRの仕事がうまくいき始めたきっかけの1つだ。

これまでの18年間で頼って尋ね続けてきて、メディアの人たちからもらってきたいくつもの要望（「お困りごと」）が、今では僕にとって大切な財産になっている。

非効率ルール

お願いするのではなく、頼って巻き込む

人を集めたいときにできるたった1つの方法

僕がいる本の世界では、ベストセラーを生み出すために、著者や編集者だけでなく、PR、販売、宣伝、取次、書店……たくさんの人たちの力が必要とされる。

どんなプロジェクトだって、1人で取り組むよりも、協力してくれるチームメイトがいたほうがうまくいく。これは出版業界だけでなく、どんな業界にも共通していることだと思う。

「でも、協力してくれる人なんて、そうそう集まらない」と思うだろうか？

そんなとき「協力してくれませんか？」とお願いするより、ずっと効果的な方法がある。

まず1人だけ仲間を見つける。

次に、自分たち2人が一緒に楽しく仕事に取り組んでいる姿を周りの人たちに見せるのだ。

たとえ2人だけのチームでも、その様子が楽しそうであれば、自然と周りの人たちが引き寄せられる。「あの人たち、楽しそうだな」と感じさせる〝楽しいエネルギー〟が、人を集める大きな要因になるのだ。


そこで、僕が新規の編集部で仕事を引き受けるときは、まず1人の編集者とマンツーマンでPR活動を実施する。できるだけ小さく始めるのだ。

最初はウェブ記事が決まり、それがラジオや新聞に広がる。さらにはテレビの出演が決まりだす。

「ついに、『王様のブランチ』決まりましたよー!!」などと、楽しい雰囲気を編集部内に作っていく。

そうすると、その姿を見ている編集者が興味を持ち始めてくれる。僕と編集者の一緒に成功を喜ぶ姿が、「楽しそう！」と他の編集者の心を動かす。

僕への本の相談が増え、ＰＲを前向きに考えてくれるようになる。結果、たくさんのベストセラーが生まれていくことになった。

楽しさや情熱は、言葉よりも強力なメッセージとなり、周りの人たちの興味を引き、自然と協力者が集まる原動力となる。

まずは自分自身が楽しむこと。そして、そのワクワク感を大切にし、そのエネルギーを広げていくことが、成功への第一歩だと信じている。

非効率ルール

できるだけ小さく始めて、楽しく仕事に取り組んでいる姿を見せる

誰よりも自分がいちばん楽しむ～トム・ソーヤー理論

何かを始めるとき、まず自分が夢中になり、楽しさを見せることで人を巻き込む。この方法を僕は「トム・ソーヤー理論」と名づけている。

『トム・ソーヤーの冒険』のお話を読んだり、アニメを見たりしたことはあるだろうか？

僕は、小学生のときに読んだこのお話が、強烈に心に残っている。

どこにそんなに心を動かされたかというと、『トム・ソーヤーの冒険』に出てくる「ペンキ塗りの話」だ。「ああ、あれね！」と思い出す人もいるかもしれないが、知らない人のために簡単に説明する。

いたずらの罰としてトムは家の塀のペンキ塗りを命じられてしまう。トムはこの仕事がイヤでたまらない。そこでトムはどうしたか?

彼は、ものすごく楽しそうにペンキ塗りを始めるのだ。そうすると通りかかった友だちが気になって「そのペンキ塗り、僕にもさせてよ」と頼む。

トムは「イヤだよ。こんなに楽しい仕事させてあげられないよ」と言う。友だちはますますペンキ塗りをしたくなってしまって「代わりにこのリンゴあげるから」とトムに頼み込んで、ようやくペンキ塗りを代わってもらう。

その姿を見て他の友だちも次々とやって来て「このお菓子あげるから」「このおもちゃあげるから」とトムに頼み込んでペンキ塗りをさせてもらうのだ。

まず自分が楽しそうにしていることで、周りも巻き込むことができる。

こうしてトムは手を動かすことなく数々の報酬まで得て、広い塀のペンキ塗りを終えることができる。

ここで僕の心に響いたのは、「トムはラクしたな」ということではない。**トムが楽しさを演出したことで、周りがその仕事をしたいと思うようになったことに、ものすごくワクワクした**のだ。

子どもの頃

『トム・ソーヤーの冒険』
著：マーク・トウェイン　岩波少年文庫

から僕の頭の中には、このエピソードがずっとある。そして、僕の仕事のやり方には、この「トム・ソーヤー理論」が自然に組み込まれている。

どんなにPR活動してもメディア出演が決まらないことは必ずある。そうすると、負担をかけてしまった著者や編集者に「せっかく準備したのに無駄だった」と、ネガティブに思われてしまう可能性もある。だからこそ、まずは2人で楽しそうにプロジェクトを始めて、「楽しそうだな」という輪を広げて、仲間を増やす必要があるのだ。

この理論は、たとえば立食パーティなど、知らない人が多い場に参加するときも有効だ。僕もそうなのだが、知らない人ばかりの会に1人で参加するのは気が重い、という人は、けっこういるのではないかと思う。

そんなときはまず、勇気を出して隣にいる人に「この料理、なんのお魚ですかね？」

と話しかけてみる。

その人が「平目じゃないですかね?」と答えてくれたら、「お魚詳しいですね!」と盛り上がる。

もしわからなければ「僕、ホールスタッフに聞いてきますね!」と言って、魚の種類や産地を聞き出しにいく。このときにスタッフと仲良くなって、このあとに出てくるおすすめのデザートメニューまで聞き出す。

仕入れた情報とともに「この料理も美味しそうですよ!」と他の料理も持って戻る。スタッフから聞いた話を同じテーブルの人にも伝えてみる。みんな話す相手がほしいので、興味津々に聞いてくれる。

すると、周囲の人が自然と集まってくる。結果、思いもしなかった素敵な出会いがあったり、仕事のヒントがあったりして「やっぱりあのパーティ、行ってよかったな」となったりするのだ。

勇気を振りしぼって話しかけた「この料理、なんのお魚ですかね？」のたった一言だけで、１日がガラッと変わるのだ。

非効率ルール

人を巻き込むには、まず自分が誰よりも夢中になり、楽しさを見せる

頼られた仕事をするとうまくいく

僕は、本来やらなくてもいいはずの仕事を人から頼まれることがよくある。

芳林堂書店の外商部にいたときの話だ。ある学校の図書館司書さんと話していたとき、名門女子校の図書館を見学してみたいという話題が出た。

そうなると僕はすぐに行動してしまう性格だ。名門女子校にすぐに連絡してアポイントを取る。翌日の朝、図書館司書さんを車で迎えにいき、名門女子校まで送迎する。

本来の仕事ではないが、人と人をつなぐのが好きなこともあり、こういったことは苦にならない。

PRの仕事を始めてからメディアの人からよく頼まれることの1つは、「講談社の本の著者を紹介してほしい」だ。講談社だけでなく、さまざまな出版社の本の著者についても聞かれる。

自分が担当している本ではないので、本来は「知りません」で終わる話なのかもしれない。でも、これも「任せてください！」とすぐに行動してしまう。

そして、そういう僕のことを頼ってくれた仕事には、全力で取り組むことにしている。僕のことを思い出してくれたことが嬉しいからだ。

そんな僕を見ている人たちからは、たびたび言われる。

「それって、黒田さんの仕事なの？」

「そこまでやってあげるなら、お金をもらったほうがいいんじゃない？」

「そんなことやってメリットあるの？」

僕はメリットやデメリットは深く考えていない。でも、そのような「頼られた仕事」を真剣にやると面白いのは、結果として、自分自身の本来の仕事もうまく進むようになることだ。

僕も頼るし、相手も頼る。そうやって助け合うのがいちばんよい状態なのだ。

PRの仕事を続けていくうえで、**何よりも大切なのは信頼関係を築くこと**だと思っている。この「信頼」というのはお金では買えない。人と人との関係性を大切にし、頼まれた仕事をしっかりと果たすことでしか得られないものだと思う。

こうして積み上げた「信頼」に助けられたことは幾度となくある。

新しい本のPRの打ち合わせを編集者としているとき、聞かれることがある。

「黒田さん、新しく始まったあの番組に知り合い、いる？」

もちろん、いないし、知らない。でもそんなときは、知り合いのメディアの人に連絡してみる。すると相手も僕と同じように、自分の知り合いをたどってつないでくれたりする。

何かあったときに、相談できる人がいる。これが、今の僕の最大の強みになっている。

僕は、フリーランスの人から「どう営業したらいいですか?」とよく聞かれる。

じつは僕自身、本のPRをメディアに向けて行うことはあっても、自分の仕事を新規の出版社に営業したことはない。というのも、「PRをやらせてください!」と売り込む前に、今任されているPRの仕事に全力で取り組むことが何より大切だと思っているからだ。

そうすることで、**一緒に仕事をした相手が「誰かにおすすめしたくなる」**――そんな存在になることができる。それこそが、仕事を広げていくうえでもっとも理想的な形だと思うのだ。

非効率ルール

頼まれた仕事をしっかり果たすことで、人との信頼関係を築く

ベストセラーの条件

湘南乃風のSHOCK EYEさんの本を担当したとき、こんな言葉をもらった。

「この本は、みんなが幸せになる本にしたい」

この本では、僕はPRだけでなく編集にも深くかかわっていた。だからこそ、特別な思い入れがあり、販売や宣伝の担当者に対して「もっとこの本に力を入れてほしい!」と、強く求めてしまっていた。

しかし、この言葉を聞いて、自分の姿勢を振り返るようになった。

「もっとやってほしい」という要求ではなく、「少しでもこの本について考えてくれるだけで嬉しいです。ありがとうございます!」と感謝を伝えるようになっていった。

説得ではなく、感謝を伝える。その変化がすべてを変えた。

感謝の気持ちが伝わると、自然とみんなが協力的になってくれて、より多くの施策を提案してくれるようになった。そして、この本は5万部を超えるベストセラーとなったのだ。

ベストセラーを生み出すには、著者や編集者だけでなく、販売、宣伝、PRなど、出版社全体が力を合わせることが不可欠だ。発売前から各セクションの人々と丁寧にコミュニケーションを重ねることが鍵になるのだ。

『歩くパワースポットと
呼ばれた僕の
大切にしている小さな習慣』
著：SHOCK EYE　講談社

非効率ルール

感謝の気持ちを伝えてチームを作る

ベストセラーの景色

もしベストセラーを生み出す法則があるとすれば、それは「その景色を実際に見た人に聞くこと」だ。

どんな準備をしたのか、どんな困難に直面し、どう乗り越えたのか。経験者の話を聞き、可能な限り準備を整え、それを徹底的に実行する。それだけだ。

僕がこの景色を見せてもらったのは、50万部を超えるベストセラーとなった黒柳徹子さんの著書『続 窓ぎわのトットちゃん』のPRを担当したときだ。

この本の編集者は、林真理子さんの著書『野心のすすめ』(50万部)や『成熟スイッチ』(20万部)を担当した井本麻紀さんと、『五体不満足』(600万部)を手がけた小沢一郎さんの2人だ。

もちろんこの本の著者は、誰もが知る黒柳徹子さんであり、前作『窓ぎわのトットちゃん』は800万部を超えるミリオンセラーだ。「何もしなくても売れるだろう」と思ってしまっても不思議はない。

でも2人は違った。僕がＰＲの仕事を引き受けたのは発売2ヵ月前。そこから3人でのＰＲプロジェクトがスタートしたのだが、すでに2人は編集と同時進行で、ＰＲについてさまざまなアイディアを練っていた。

毎週、ミーティングを行い、ＰＲの提案を考え、課題を見つけ、解決策を考える。それを徹底的に繰り返した。

『窓ぎわのトットちゃん』
『続 窓ぎわのトットちゃん』
著：黒柳徹子　講談社

ベストセラーを作り出す編集者は、素晴らしい本を編集するだけでなく、どこでどんなＰＲをすればいいか、その景色をすべて見てきていたのだ。

どんなメディアで、どんな取り上げ方をされればいいか。そのイメージがはっきりあるのだ。

たとえば常に、世の中の空気感と本の内容を結びつけながら本の届け方を考えている。大きなニュースが報道されるたびに「あのメディアにこんな提案できないだろうか」という連絡がくる。しかも、そこには迷いがない。

一方で、僕がＰＲの新しい提案をすると、必ず受け入れてくれた。即レスですぐさま動いてくれるのだった。

僕がメディアの「お困りごと」を持ち帰ってくると、「やれることは全部やろう」と最後までチャレンジしてくれる。その「粘り力」には脱帽した。

まさに全員で全力を尽くすチームだった。綿密な計画を立て、その都度資料を作り直し、万全の準備をして発売日の記者会見を迎えることになった。

その前日夜、小沢さんからメールが届いた。そのメールには、これまでの感謝と、「ここからが本当のスタート」という思いが綴られており、最後はこう締めくくられていた。

「知恵をしぼり、汗をかいていきましょう」

この言葉がチームのスローガンとなり、『続 窓ぎわのトットちゃん』は50万部突破のベストセラーになったのだ。

今でも壁にぶつかったとき、この言葉を自分に言い聞かせている。

知恵に行動が伴ってこそ、成功はつかめるのだ。

非効率ルール

ベストセラーを作るには、知恵をしぼり、汗をかく

自分が活躍できる場所を見つける方法
〜砂場理論

じつは、僕は自分の書籍PRという仕事が、ずっと好きになれなかった。編集者や著者の「お手伝い」のような仕事をしている、という感覚が拭えなかったのだ。

今は、大好きだし、天職だと思っている。

それは僕自身が「砂場理論」と名づけた考えを発見したからだ。

発見のきっかけになったのは、本のPRを担当した葉っぱ切り絵アーティストのリトさんのこの言葉だった。

「大人は、ゲームとひとくくりにしてしまうけれど、子どもが好きなゲームをちゃんと見てほしいんです。そうすると、その子の得意や不得意が見えてくるはずなんです」

リトさんは、子どもの頃からずっとゲームが大好きだった。ただ、ひとくちにゲームといっても、リトさんにとっての得意なゲーム、不得意なゲームがあった。ドラゴンクエストのような1人でコツコツレベルを上げるゲームはずっと続けられる一方で、ミサイルがあちこちから飛んでくるようなシューティングゲームが苦手だったのだ。

大学卒業後、飲食チェーンに就職したリトさんは、持ち帰り寿司を作っていた。細かい作業が得意なリトさんは「きれいなお寿司を作るわね」とほめられる一方で、「1つの作業に没頭しすぎだ」と怒られる。

そんなある日、リトさんは回転寿司部門に異動を命じられる。彼にとって大変だったのは、ここでの仕事だった。

四方八方から同時に注文が飛んでくるカウンターは、まさにリトさんが苦手とするシューティングゲームと同じだったのだ。

後に、病院で診断を受けて、自分が過集中という特性を持つことを知ったリトさんは、納得する。

「細かい作業に長時間没頭できる、という自分の特性を生かせる場所（ドラゴンクエストのようなゲーム）を探して、見つけたのが葉っぱ切り絵だったんです」

この話を聞いた僕は、ハッと気づいた。

「そうか、**人は小学生から変わらないのかもしれない**」

考えてみたら、これまで会ってきた著者や編集者たちは、大好きなことを追求する小学生のような人たちだった。

僕が担当した著者でいうと、黒柳徹子さんがその筆頭だと思う。可愛いものを見たら「可愛いっ！」、美味しいものは「美味しいっ！」と、小学生みたいな方だ。小学生のまま大人になれるってなんて素晴らしいのだろう。徹子さんは、自分の思ったことを、思ったそのままに伝えられるところが、仕事でも生かされている。

そこで考えてみた。小学生のときの僕って、どんな子どもだっただろう？

思い浮かんだのは**公園の砂場で遊んでいる子どもたちの風景**だ。

子どもの頃、遊んでいた砂場でのヒーローは、すごい砂山を作る男の子だ。

一方で僕は、砂場で何かを作ることにまったく関心がなかった。

その代わり何をしているかというと、「あそこにすごい砂山があるよ！」と、みんなを呼びに行っていたのだ。

たとえば公園の隣のショッピングモールにいる友だちに、こんなふうに誘いに行っていた。

「すっごい砂のお城できたから見に来ない？　もう少しで壊しちゃうから、早く来たほうがいいよ！」

砂山を作っている子以上の情熱で、一生懸命伝えていたのだ。

砂山を作っている子だけが主役なわけではない。

どうやって伝えたら、みんなが砂場に砂山を見に来てくれるか考える。

どうやって伝えたら、メディアが著者や本を取り上げてくれるかを考える。

子どもの頃も今も、やっていることが変わらない。

著者が砂山作りの名人だとしたら、編集者は最高の砂山にするために名人にアドバイスをしている人だ。隣の公園の砂山を常に研究していて、「ここにトンネルを通そう」「てっぺんに飾りをつけよう」と、アレンジの提案をしている。

それに対して僕は、公園の外から、砂山を

見る人を呼んでくるための工夫をするのが好きなのだ。

その根っこには、「まだみんなが知らないものをたくさんの人に伝えて喜ばせたい！」という衝動が、子どものときから変わらずにあるのだと思う。

砂場の外にある仕事――書籍ＰＲは、けっして「お手伝い」などではなかった。砂場の外に魅力的な仕事が数多く存在していることを、ただ僕が知らなかっただけだった。

僕がいなければ、誰も砂山を見に来てくれないかもしれないのだ。

チームの中で自分がやるべきことは？　と悩んだときに、子ども時代の砂場を思い浮かべてみるといい。

自分が砂場の中にいたのか？　砂場の外にいたのか？　そこで何をするのが好きだったか？　そこに自分の活躍できる場所がある。

その場所を見つけることこそが、ブランディングだと思うのだ。

非効率ルール

子ども時代の砂場を思い浮かべてみると、自分の活躍できる場所がわかる

チームの中で自分の居場所を見つける
～スクール・オブ・ロック理論

砂場の中にいる人だけが主役ではない、という僕の「砂場理論」をさらに強固にしてくれたのは、映画『スクール・オブ・ロック』だ。

簡単に説明するとこんな映画だ。ミュージシャンくずれの男が、名門小学校に先生としてもぐり込む。品行方正だった子どもたちをそそのかしてロックバンドを結成し、コンテストを目指す、というストーリーだ。

ただ、クラスの生徒全員が、バンドメンバーになるというのは不可能だ。僕がこの映画を素晴らしいと思うのは、バンドメンバーからあぶれた子どもたちも、それぞれがさまざまな場面で活躍することなのだ。

たとえば、厳しい校長先生の目を盗んで、教室で授業をしないで練習をする。そこでこの先生は、「お前は、校長先生がいつ来るかもしれないから見とけ。重要な役割だ」とセキュリティ担当を作る。

仕事を与えられた子どもたちは、「オッケー!」「よし、じゃあオレはここにいるから、お前は向こうな!」と、張り切って仕事をする。

他にも、衣装担当がいたり、照明担当がいたりして、それぞれ自分の得意を生かして活躍する。一般的には主役だとされるバンドメンバーだけではなく、みんなそれぞれが主役なのだ。

何より最高なのは、バンドコンテスト当日の急な曲の

『スクール・オブ・ロック』
監督:リチャード・リンクレイター

変更で照明の男の子が先生に相談に来るシーンだ。「先生！　僕、この曲の照明はやったことないけどどうしたらいいですか？」と聞かれて、彼はこう言う。「いいか、お前ならきっとやれる。自分でアレンジしてやってみろ！」

その言葉を胸に、彼は見事に照明を演出し、曲は大成功をおさめる。バンドメンバーのみんなが歓喜に湧くなか、先生は照明の男の子を呼び止める。そして男の子を抱き上げながら叫ぶ。「やったな！　すごい照明だったぞ！」

この場面にこそ、監督の伝えたいことがあると僕は思うのだ。

普通、バンドというのはボーカルやギタリストがスターだ。僕のいる本の世界でいうと、著者と編集者が、ボーカルとギタリストの存在だ。僕の書籍PRという仕事は、いわば照明の仕事だ。

「やったな！　すごい照明だったぞ！」という言葉は、僕には「黒田くん、番組決めてくれてありがとう！　おかげで重版がかかったよ！」という言葉と等しく感じられたのだ。

もう1つ、僕の大好きなシーンがある。

女の子で1人、最後まで仕事にあぶれている子がいる。「私は何すればいいの？」と聞かれた先生は、苦しまぎれに「君には重要な役割を与えよう。マネージャーだ」と伝える。

すごくいいのは、最後にバンドがコンテストで大絶賛を浴びて、引っ張りだこになったとき、その子が「私を通してくれる？」と、エージェント的な振る舞いをイキイキと始めるところだ。

ステージというのは、ボーカルやギタリストやドラマー、衣装やヘアメイク、そしてセキュリティ担当や照明、みんなで作り上げるものだ。

「本」というステージも同じだ。**作り上げているのは、著者、編集者だけでなく、販売、宣伝、ＰＲといった、その本にかかわるすべてのメンバー。さらには、その本を**

届けてくれるメディアや書店だってステージの仲間だ。

ステージを作り上げる1人ひとり、みんなそれぞれが主役なのだ。僕がこの映画から受け取ったのはこのメッセージだった。

この「スクール・オブ・ロック理論」は、どんな業界にも共通するはずだ。

非効率ルール

ステージを作り上げる1人ひとり、みんなそれぞれが主役

砂場の外の仕事

僕は書店の息子として生まれ、本の世界に長年身を置いてきた。

本作りにかかわるのは、著者、編集者だけでなく、装丁家、デザイナー、ライター、カメラマン、イラストレーター、校正、販売、宣伝、業務、印刷、製本……そんな数多くの人たちだということを今では知っている。

けれど、そんな僕がつい最近知った1つの職業がある。その仕事がじつは、本作りを支える重要な役割を担っていたのだ。「書体設計士」という仕事だ。

『明朝体の教室』という本のPRを担当して出会ったのが、書体設計士の鳥海修さん。

建築物を設計する建築士がいるように、「書体設計士」とは、「文字」を設計（デザイン）する職業だ。

鳥海さんに出会うまで僕にとって、「文字」というのは、そこに当たり前に存在するものだった。

ところが、この本のPRを担当してはじめて知ったことがある。「文字」には何千種類もの書体が存在し、こうしている今も、新しい書体が生み出されている。しかも、その新しい書体の文字1つひとつは、手作業で作られているのだ。

1つの書体を完成させるには、約2万3000字を作る必要がある。それは、1年から2年かけて、チームで作り上げられるというのだ。

まるでビルを建てるような膨大な労力がかかるこの仕事は、効率的とは言いがたい。ただ、本はもちろん、ウェブ、雑誌、新聞……と、僕たちが日々目にしている文章に不可欠な「文字」は、この「書体設計士」という仕事によって生み出されている

『明朝体の教室』
著：鳥海 修
ブックアンドデザイン

のだ。

その「書体設計士」の第一人者である鳥海さんが手がけた「ヒラギノ明朝体」はMacに搭載され、あのスティーブ・ジョブズがプレゼンテーションの場で「Cool！」と言ったことでも知られている。

ジョブズは「神は細部に宿る」と語り、パソコンの内部構造にまで美しさを求めた人物だ。そのジョブズが、鳥海さんとそのチームが情熱を注いで作り上げた書体の美しさを見抜いたのだ。

本にとっての書体の重要性を深く理解できたのは、鳥海さんの取材中に、こんな話を聞いたからだ。

『窓ぎわのトットちゃん』に使われているのは「タイポス」という可愛らしいゴシック体。一方、『続 窓ぎわのトットちゃん』には、鳥海さんがリーダーになってデザインした繊細な「文游明朝体 文麗かな」が採用されている。大人っぽい書体によって、成長したトットちゃんが表現されているというのだ。

ベストセラーの裏には、いくつもの効率的とは言えない仕事がある。まさに「砂場の外」の仕事。人の心を動かす何かが生まれるとき、そこには必ずこのような人たちの仕事があるのだと思う。

非効率ルール

ベストセラーは非効率な仕事が支えている

第5章

ピンチがチャンスに変わる考え方

～非効率思考 メンタル編

「断られる場所」で仕事する意味

断られる。電話に出てもらえない。メールの返信が来ない。PRの仕事では、そんなことは日常茶飯事だ。

もちろん、落ち込むこともあるし、「もう無理かもしれない」と心が折れそうになることもある。

でも、こうも考える。**簡単に決まるなら僕の仕事は必要ない。**

書店の営業マン時代を振り返っても、仕事が決まったときよりも、断られたときのほうがずっと多かった。

外商部のお客さんは、おもに学校の図書館。会社に言われた通り、毎日10校ぐらい飛び込み営業をして名刺だけ渡してくる、みたいなことを数ヵ月間続けていた。ところがこれが、まったく決まらない。

なぜ決まらないかというと理由は簡単。どこの図書館もすでに大手書店と契約していて、サービスや仕入れ条件もいいから、わざわざうちの書店と新たに契約する必要がないのだ。

「こんな条件の悪い書店と契約するはずがない。一生、契約なんて取れるわけがない……」と途方に暮れたことを覚えている。

しかし、その状況を変えたのは、〝IBM方式〟でお客さんの「お困りごと」を解決する方法を思いついたことだった。この方法については、第1章で書いた通りだ。

当時は無我夢中で気づかなかったが、これこそが営業の本質だと、今では思う。

書店の名前を言えば決まる。サービスや仕入れ条件を持っていけば自然と契約が取れる。——そんな簡単な状況での仕事なら、僕ではなくても誰でもできる。

本のＰＲも同じだ。ヒット間違いなしの本なんて、どこにもない。もし最初から正解がわかるなら、出版社は僕にＰＲを依頼しないだろう。

まだ世の中の誰も知らない素晴らしい著者や作品を紹介することにこそ、やりがいがあるのだ。

当然、最初は断られることが多い。さすがにへこみそうになることもある。

そんなときはこう考える。「これはけっして僕自身が否定されているわけではない。単に提案の仕方や内容が今ひとつだっただけだ。もう一度見直すチャンスが与えられたのだ」と。

どうすればメディアで取り上げてもらえるのか。どんな伝え方が響くのか。それを徹底的に考え抜くのだ。

ＰＲとは、試行錯誤を繰り返しながら、実際に行動するなかで答えを見つけていくプロセスなのだ。

非効率ルール

簡単に決まらない仕事だからこそ、やりがいがある

一度で決めようとしない
〜わらしべ長者理論

メディアへの書籍PR提案が一度で決まることは、ほとんどない。

むしろ、一度で決めようとするほど難しくなる。

大切なのは、まず小さなメディアで取り上げてもらうこと。そこから少しずつアプローチを重ね、段階的に大きなメディアで取り上げてもらえるようにしていく。


いきなりテレビに持ち込んでも、簡単に取り上げてもらえるわけではない。

まずは、本の企画をどうすればメディアに取り上げてもらえるかを徹底的に考える。どんな切り口であればウェブ記事として成立するかを検討し、その切り口を使ってウェブ媒体へアプローチする。

ウェブ記事で紹介されたら、その記事を足掛かりにして、次に新聞や雑誌、ラジオへと広げていく。

そしてすべてのメディアで話題になった段階で、ようやくテレビに持ち込む。このとき少なくとも、「あ、この本、どこかで見たことがある」という状況が作られているはずだ。さまざまな切り口で紹介されてきた実績が、テレビで取り上げる際の企画のアイディアとして生かされる。

非効率だと感じるかもしれない。それでも、この流れが、メディアで本を広めるために必要な考え方なのだ。

僕はこの手法を「わらしべ長者理論」と呼んでいる。

『わらしべ長者』は、わら1本を手にした男が、出会う人と物々交換していくうち大長者になる昔話だが、この話のポイントは、男がお金持ちになるところではない。

男は、最初に手に入れた1本のわらからスタートし、出会う相手が必要としているものと交換していくことで、結果として、より価値のあるものを手にしていくのだ。

『わらしべ長者』の主人公も、相手の「お困りごと」に応えているのだ。

『わらしべ長者』が伝えるのは、「誠実に人に接することで運が巡ってくる」というメッセージだ。

この考え方は、僕のPR方法とよく似ている。最初に手にした〝1本のわら〟を大切にしながら、次の機会につなげていく。

小さな努力の積み重ねが、最終的に大きなメディアで取り上げられるチャンスを引き寄せるのだ。

非効率ルール

遠回りに思えても、小さな努力の積み重ねが結果につながる

「今じゃなくていい」の法則

目標を立て、全力で取り組む。思い立ったらすぐに行動する。

できることはやっているつもりなのに、「結果が出ない」「うまくいかない」ということは少なくない。

以前の僕は、それでよく落ち込んでいた。

でも、ある日気づいた。これまでの仕事を振り返ると、すぐに成果が出なくても、少し遅れて結果がついてくることが多いと。

思い出したのは、元プロ野球選手のイチローさんの言葉だ。彼は言う。

「すぐに結果に直結しないと、次の日にやめてしまう人が多いが、それは験担《げんかつ》ぎに近い」

「正解か不正解かは時間をかけてやることでしか判断できない」

同じようなことをプロゴルファーの石川 遼選手の父が言っているのをテレビで見たことがある。石川選手がスイングをしていると、彼の父は「このスイングは2年後の結果のため」と言うのだ。

今日の努力が、すぐ成果につながるとは限らない。今の自分は2年前の自分の行動でできているのだ。

これを僕は、**「今じゃなくていい」**の法則と名づけている。

結果が出ないときは無理をせず、こう考えるようにしている。

「あ、これは『今じゃなくていい』の法則だ、次のチャンスは必ず来る」

2年後の自分の姿をイメージして、日々の努力を積み重ねるだけだ。
目先の結果にこだわりすぎずに行動し続ける。正しい努力をコツコツ続ければ、結果が出るタイミングは、必ずやってくる。

非効率ルール

今の自分は2年前の自分の行動でできている

最後の5分まで頑張り抜く

著者がまる1日あけてくれた取材日やイベントが迫っている。あと1時間後には出版社に、取材が決まったメディアの報告をしなければいけない。それなのに、取材してくれるメディアが決まらない。——PRの仕事をしていると、こんなピンチが訪れることが幾度となくある。

PRを始めたばかりの頃は、「もう時間がないから仕方がないか」と諦めてしまうことも多かった。

ただ、あるときから、僕は「自分ができることをすべてやり尽くしているのか」という言葉を自分に問いかけるようになった。そして自分に言い聞かせる。

「やれることを全部やろう。最後の最後まで諦めずにやり切ろう」最後の5分まで諦めずに頑張る。そうすることで、「そうだ、まだあれを試していない！」と打開策が見つかったりする。

何十件も断られた最後の最後に電話をしたメディアが決まる、ということは実際に何度もあるのだ。

壁にぶつかって「もうダメかもしれない」と感じたときには、「本当に全部やり切ったか？」と振り返る。「きっとできることはまだあるはずだ」と徹底的に考え抜く。

ギリギリ最後の5分まで頑張り抜いた人だけが、限られたチャンスをつかむことができるのだ。

非効率ルール

やれることを最後の5分まですべてやり切る

明日やろうと思ったら今日やる

どんな仕事でもそうだと思うが、ＰＲの仕事でも、もちろん憂鬱なことはある。「無理かもしれない、と思う提案の電話をしないといけない」とか、「大事な打ち合わせの資料を作らないといけない」とか。

ついつい後回しにしてしまいたくなることがたくさんある。

でも、後回しにすると痛い目を見ることはわかっている。だから僕は、**「これ、明日やろう」と思った瞬間、すぐにやる**ことを心がけている。

ただ、「心がける」だけでは、なかなかできないものだ。そこで自分のルールとして決めているのは、**「やるのは5分間だけでいい」**ということだ。この方法は、びっくりするぐらいの効果を発揮する。

時間がかかると思っていた資料作成に取り組んでみたら、意外とすぐに終わる。知り合いがいない番組にアプローチしたい。そこで、スマホのアドレス帳を隅々までチェックしてみると、番組スタッフとツテがありそうな人が見つかる。そうやって、メディアを決めるための突破口が見えてくることが多いのだ。

この、たった5分間の集中で、驚くほど成果が変わる体験を何度もしてきた。取りかかればできるのに、取りかかっていないばかりにできていないことが多かったりするわけだ。

もっと身近なことで考えてもいい。

引っ越しのあとに、開けていない段ボールが10箱あったとする。開けるのが面倒だと思っていても、いったん開けてみると、そのうち1箱くらいはわずか5分で片づけられたりする。

デスクの上を片づけないといけない。クローゼットを整理したい。車の中を掃除したい。これらもすべて、取りかかってみれば5分で解決してしまうことが多い。

「明日やろう」と後回ししようとした瞬間を「チャンス」と捉えて、5分間だけ集中して、その問題に向き合ってみる。

その積み重ねがきっと、大きな変化を生んでくれる。

非効率ルール

明日に回したいことは、今日5分間だけやってみる

トラブルが多いときこそ成功に近づいている

大事な取材日に、著者が急に来られなくなる。撮影日が突然延期になる。こちらの修正意図が伝わらないまま、掲載されてしまった。――僕の仕事はトラブルだらけだ。

「どうしよう！」と頭を抱えてしまうことに次々と襲われる。

でも、これは、**「もっとよくなるために必要なステップなのだ」**と考える。

こう考えるようになったのには、1つのきっかけがある。

ある企画でトラブルが続き、対応に追われていたときのこと。困り果てていたら、ある編集者に「どうかしたの？」と尋ねられた。

事情を話すと、その編集者は笑顔でこう言った。

「大丈夫。その企画はきっとうまくいくよ。逆にトラブルがまったくないときほど気をつけなきゃいけないんだ。そういうときって、案外そのページが面白くない可能性が高いんだよね」

面白いものを生み出そうとするとき、必ず目に見えない壁や障害が立ちはだかる。その壁を1つずつ乗り越えることで、企画が洗練され、本当に面白いものに仕上がっていく、と彼は言うのだ。

この話を聞いて、僕はWBCで優勝を決めたあとのイチローさんの言葉を思い出した。9回裏2アウト満塁、一打逆転でWBC優勝、しかし三振すれば準優勝、という場面。チームメイトの誰もが「自分にだけは打順が回ってきてほしくない」と思う状況で、イチローさんはこう思ったそうだ。

「やっぱりここで、僕に回ってくるんだな。明日のスポーツニュースは、僕のサヨナラヒットで日本中が盛り上がるんだろうな」

ピンチをチャンスと捉えるこのエピソードに、僕は深い感銘を受けた。それ以来、僕はトラブルや困難に直面するたびに、「これはうまくいく兆しだ」と思えるようになった。

たとえば、「黒田さん！　新幹線が止まってしまって、著者の先生が取材に3時間は遅れてしまいそうなんです！　どうしましょう？」と相談されたとき。以前なら頭を抱えてしまったかもしれないが、今は違う。

「わかりました！　取材先すべてに連絡します！　やれることを全部やりましょう！」と即座に答えて、行動に移せるようになった。

困難のなかにこそ、大きな成功の可能性が隠されているに違いないのだ。

非効率ルール

トラブルこそ成功のチャンス

すべては『情熱大陸』で考える

仕事で予想外のトラブルや困難に直面したとき、その瞬間は茫然としてしまうものだ。けれどすぐに頭を切り替えて、前に進みたい。そんなときに僕が心で唱える魔法のフレーズがある。

「これが『情熱大陸』だったら、どんなシーンになるだろう?」

大きな仕事の依頼が舞い込んできたときも同じだ。

「こんな仕事、僕にできるわけがない……」

そんなふうに尻込みしてしまうとき、『情熱大陸』のあの音楽とナレーションを頭の中で再生する。

そうすると、不思議と困難な状況もドラマティックに思えてきて、「これを乗り越えたら成功が待っている！」という気持ちになるのだ。この魔法のフレーズのおかげで、たいていの場面で前向きに臨むことができるようになった。

仕事で起きる予想外のトラブルや困難のすべてをドキュメンタリーの1シーンとして捉え、やがて完成する「自分の『情熱大陸』」を想像する。その途端、困難な状況もワクワクしたものに変わるのだ。

現実の仕事の場面では、理想通りにはいかないことも当然ある。でも、ピンチやプレッシャーさえ楽しむ前向きな気持ちを持ち続けることで、打開策が見えてくるのだ。

非効率ルール

ピンチやプレッシャーも「自分のドラマ」の一部と考える

コンプレックスを強みに変える

葉っぱ切り絵アーティストのリトさんは、あるインタビューでこんなことを言っている。

自分自身がマイナスのスタートになってしまう場所では、プラスを生み出せないのは当然です。かといってもう30代。ここから新たなスキルを身につけて一人前になるのには時間がかかりすぎるし、資金もない。では、自分が最初から持っているもので勝負できる場所に、身を移せばいいのではないか。

自分自身がすでに持っているもの。それはコンプレックスです。ADHDの特性である「過剰な集中力」や「こだわりすぎる」という性質。〝普通〟の会社員として生きていくにはデメリットでしかなかったこの「弱み」を「強み」に変えられる場所で生きていこう。

この話を聞いて、思い出したことがある。

僕は子どもの頃からおしゃべりが大好きだった。夕食のテーブルでは、1日の出来事を家族に話すのが日課で、みんな僕の話を楽しみにしてくれていた。でも、学校では少し違った。授業中に、後ろの席の友だちに話しかけておしゃべりに夢中になっては、先生に怒られることがたびたびだった。

大きくなるにつれ、友人に、夢を語ってみたり、好きなことを夢中になって話したりすると、「熱いね〜」「語るね〜」と冷やかされて「あれ？」と思うことが増えた。

とはいえ、性格を変えられるわけではない。僕が話すことを楽しんでくれる相手をなんとか選んで話すようになっていった。

リトさんの話から気づいたのは、大人になる頃には「熱く話しすぎてしまう」というのが、僕のコンプレックスの1つになっていたことだ。

そんな僕のコンプレックスは、気づいたら今の仕事では生かせている。「熱く話しすぎる」ことこそが僕の強みに変わっていったのだ。

本のPRという仕事は、熱く話しすぎてしまう僕にとっての最高の場所だった。そのことに気づいたのは、本当に数年前のことだ。

僕は、就職活動をしている学生や「転職したい」という人から相談を受けたとき、この自分の経験を踏まえてこう伝えるようにしている。「自分のアピールポイントを探す前に、まずコンプレックスと向き合ってみるといいんじゃない?」と。

「人よりテンポが遅い」というコンプレックスがあるなら、それは「じっくり丁寧に仕事に取り組める」という強みになるかもしれない。「落ち着きがなく、じっとしていられない」なら、「実行力や行動力がある」と捉えることもできる。

「自分の強みって何だろう？」と悩んだときは、自分のコンプレックスに目を向けてみる。そこにこそ、自分だけの価値があるはずだ。

非効率ルール

自分を生かせる場所はきっとある

断られても信じ続ける

メディアへの提案が断られ続けると「大丈夫かな、この本？」と、一瞬不安になることはある。そんなとき、僕は自分自身を鼓舞する。

「僕が信じなくてどうする？　僕が諦めたら、この本を信じる人はいなくなってしまう。こういうときこそ、著者と編集者が情熱を込めて作った本を信じるんだ」

断られ続けて「この本のよさを伝えるのは無理かもしれない」と思いかけたときに必ず立ち返ることがある。それは、「この著者の本を出そう」と決断した編集者と出版社の存在を思い出すことだ。

一生懸命企画を通して、時間をかけて打ち合わせや取材を重ねながら、本を作り上げた著者と編集者の情熱を信頼するからこそ、僕は諦めずに頑張れるのだ。

そもそも、簡単に決まるなら僕の仕事は必要ない。だからこそ、こう考える。

「まだ誰もこの本の素晴らしさに気づいていない。どうすれば、この本をみんなが手に取りたくなるだろうか？」

それを徹底的に考え抜くのが僕の役割だ。

ＰＲをしていて大きな喜びがあるのは、**99件断られても、１００件目で決まる瞬間**だ。そして面白いのは、**いったん1件が決まると、それまでに断られた99件に、次々と取り上げられたりする**ことだ。

僕は、こういった成功体験を何度もしてきた。

もちろん、すべての本が必ず成功するわけではない。最後まで粘っても結果が出ないこともある。

ただ、**諦めずに最後までやり切ったときこそ、「自分は仕事をした」と実感できる。**「必ず取り上げてくれる場所がある」と信じて、粘り強くアプローチを続けることこそ、ＰＲの仕事なのだ。

非効率ルール

著者と編集者を信じて、最後まで粘って考え抜く

第6章

非効率を支える時間整理術

～非効率思考 1人タスク編

相手には非効率に、自分には効率的に

ここまで読んで「こんなに仕事に手間ひまをかけていたら、どんなに時間があっても足りないじゃないか」と思う人もいるかもしれない。

ただ僕が時間を割いているのはあくまでも、「人に伝える」ための工夫や作業。たとえばこんなふうだ。

・打ち合わせはできるだけ対面で行う。
・打ち合わせは時間がかかっても、全員が納得するまで終わらせない。
・著者の撮影や取材には必ず立ち会い、現場の空気を共有する。

・著者や編集者からの提案も、1つひとつ実際に試してみる。

こうして時間を惜しまずに取り組むことで、よりよい結果を生み出してきた。

一方で、自分1人のタスクは、徹底して効率的に行うようにしている。なぜなら、そこを効率的にしなければ、他の重要な仕事に時間を割けなくなるからだ。

この章では、どのようにして自分の作業を効率化しているのか、その具体的な方法を紹介していきたい。

非効率ルール

自分のタスクは徹底的に効率化する

相手からの連絡には「即返」

僕は、相手からの連絡には可能な限り「即返（即返信）」する。

その理由はシンプルで、早く返信することで相手に喜んでもらえるからだ。

とくにメディアからの「表紙画像をください」といったリクエストには、とにかく素早く対応する。それほど急ぐ必要はないと感じるかもしれないが、メディアの人にとっては、表紙画像がないことで編集作業が滞るケースがたくさんあるからだ。

最近では、連絡ツールがメールだけでなく、LINE、Slack、Messengerなど多岐にわたる。そのため、どれに返信したかわからなくなってしまうことが多い。

だから、僕はできるだけ「メッセージを開いたらすぐに返信」を徹底している。こうすることで返信忘れを防ぎ、効率的に対応できるようになる。

取材対応しているときなど、すぐに対応できないことも、もちろんある。でも、後回しにせず、取材が終わったら即返信する。

僕の理想は、〝**自分の手元にボールがない状態を作る**〟こと。つまり、相手からの依頼を滞りなく処理して、自分に未対応のタスクを残さないことだ。うっかり返信を忘れることは絶対に避けたい。この問題への唯一の解決策が「即返」なのだ。

忘れないようにＴＯＤＯリストで管理するのではない。忘れる前に返信してしまう。これなら対応漏れも防げるし、すぐに返信が届くと相手にも喜んでもらえる。いいことづくしなのだ。

非効率ルール

自分の手元にボールがない状態を作る

〝デスク作業〟は、スキマ時間を活用する

著者への取材に立ち会う。対面での打ち合わせに赴く。著者にすすめられたことはなんでも試してみる。

同時進行のタスクが多く、朝から夜まで時間がいくらあっても足りない。僕だけ1日48時間あったらどんなにいいかと思うが、1日の時間だけは変えられない。

そこで、自分1人の作業時間をできるだけ効率よくする必要がある。ただ僕は、毎日あちこち飛び回っているので、デスクにいることはほとんどない。だからこそ、**いわゆる〝デスク作業〟は、スキマ時間を最大限に活用している。**

たとえば、メールの返信は移動中の電車内で行うのが基本だ。デスクでじっくり返信することはほとんどない。

また、企画書の作成や原稿の確認といった、まとまった時間が必要な作業も分割して少しずつ進める。

・エレベーター待ちと乗っている間の3分
・会議と会議の間の10分
・ランチの料理が出てくるまでの5分
・徒歩移動での信号待ちの30秒
・電車やバスを待つ間の5分
・電車やバスに乗っている間の5分
・Zoomの待機時間の5分
・寝る前のベッドの中での15分

こうした短い時間を積み重ねることで、大きな仕事も進められる。長時間を確保しなくても、スキマ時間を活用すれば意外と多くのことが片づくのだ。

ただ、「パソコンを広げないと仕事ができない」では、スキマ時間をうまく使えない。

そこで僕は、すべての仕事をスマホのみで対応できるように工夫している。メールの返信はもちろん、スケジュール管理、資料の整理、資料の確認や軽い編集作業まで、すべてスマホで完結する環境を整えた。これが、スキマ時間を生かす最大のポイントだ。

こうして、僕が大切にしている非効率な仕事のための時間を捻出している。

非効率ルール

スキマ時間を活用するには、スマホの環境を整えておく

資料は添付しない

スキマ時間を活用し、常に「即返」を心がけている僕だが、ここで1つの壁に直面する。それが〝**資料添付の問題**〟だ。

僕の仕事は、日々、資料を送ることなしには成り立たない。「表紙画像を送ってください」「ゲラを送ってください」というメッセージが、毎日のようにメディアからひっきりなしに届く。

その要望に応えて相手に「即返」をするためには、いつでもどこでも相手が必要としている資料を添付できなければいけない。

「即返」を徹底するためには、外出先や移動中でもスマホから返信する必要がある。しかし、手持ちの資料をスマホの中で探すのも、添付するのも非常に手間がかかる。

そこで僕が活用しているのが、Googleドライブだ。**事前に資料をGoogleドライブにアップロードし、URL化しておく**のだ。

どんな資料もURL化しておく。たとえばこんな資料だ。

文書（PDF・Word）：原稿（ゲラ）、企画書、台本
写真（JPEG）：表紙画像、著者のポートレート、本に掲載された画像
動画（MOV）：メディア出演時の動画、本にリンクされた動画

URL化した資料は、1冊の書籍につき1つのGoogleドキュメントにまとめておく。問い合わせがあるたびに、そのドキュメントを参照し、必要資料のURLをコ

ピー＆ペーストすることで、どんな形式であってもスマホから簡単に共有できるようになる。

容量の多いデータを期限付きのファイル転送サービスで送ったあと、相手がダウンロードを忘れて期限切れとなり、再送が必要になる、という問題も起こらない。

この方法は、経済学者の野口悠紀雄先生から教えてもらったGoogleドライブとGoogleドキュメントを活用する「多層ファイリングシステム」がベー

いつでも君のそばにいる

【著者名】リト@葉っぱ切り絵
【出版社】講談社
【発売日】21.05

【企画書】
https://drive.google.com/file/d/1l7BsWagHyTjDOY9ianK5QQozsoLESKxP/view?usp=

【ゲラ】
https://drive.google.com/file/d/1Tjxr4LpbvVGVc4aQjHkkM51we6LAWTJL/view?usp=sharing

【表紙画像】
https://www.dropbox.com/s/esu4hmbe8gpsnia/cover.jpg?dl=0

【プロフィール写真】
https://www.dropbox.com/sh/bj135byejsq05h4/AADq-Sx9fONX8msytxgWw8XKa?dl=0

【動画】
https://www.dropbox.com/s/jhh4r9hvx06iip2/litoexhibition.m4v?dl=0

【書籍内画像ALL】
https://www.dropbox.com/sh/82cr7rknvekoo95/AACp-dD-BblSkl-Ha5r7DO-oa?dl=0

URL 化した資料。1冊の書籍につき1つの Google ドキュメントにまとまっている。

スになっている。それをアレンジして取り入れている(詳細は野口先生の著書『書くことについて』を参照してほしい)。

『書くことについて』
著：野口悠紀雄　KADOKAWA

この仕組みを取り入れてからは、スピード感のある対応が可能になり、メール、LINE、Slack、Messengerといった多岐にわたる連絡ツールにも、それぞれ柔軟に対応できるようになった。

この方法がスキマ時間での「即返」を可能にし、僕の仕事を支える大きな武器になっている。

非効率ルール

資料をすべてURLで管理することが「即返」を可能にする

カレンダーで資料を管理する方法

打ち合わせの日になって「あの資料、どこにやったっけ？」ということはないだろうか。

僕はその解決策として、打ち合わせに必要になる資料は、カレンダーから取り出せるようにしておく。

どういうことか説明する。

まず前提として僕は、スケジュールはすべてGoogleカレンダーで管理している。Googleカレンダーに、打ち合わせの日程を入力したら、メモするスペースにURL化した資料を貼り付ける。**スケジュールと資料を紐づけておく**のだ。

スケジュールは感覚的に覚えているため、たとえば「この間の打ち合わせ資料、すぐに出ますか?」と聞かれたときも、「たしか1ヵ月ぐらい前だったな」と直感的に見つけることができる。

これも野口先生の『「超」整理法』から学んだことだ。資料や情報を分類せず、日付順に並べることで整理の手間を省き、必要な情報を直感的に見つけやすくする方法だ。

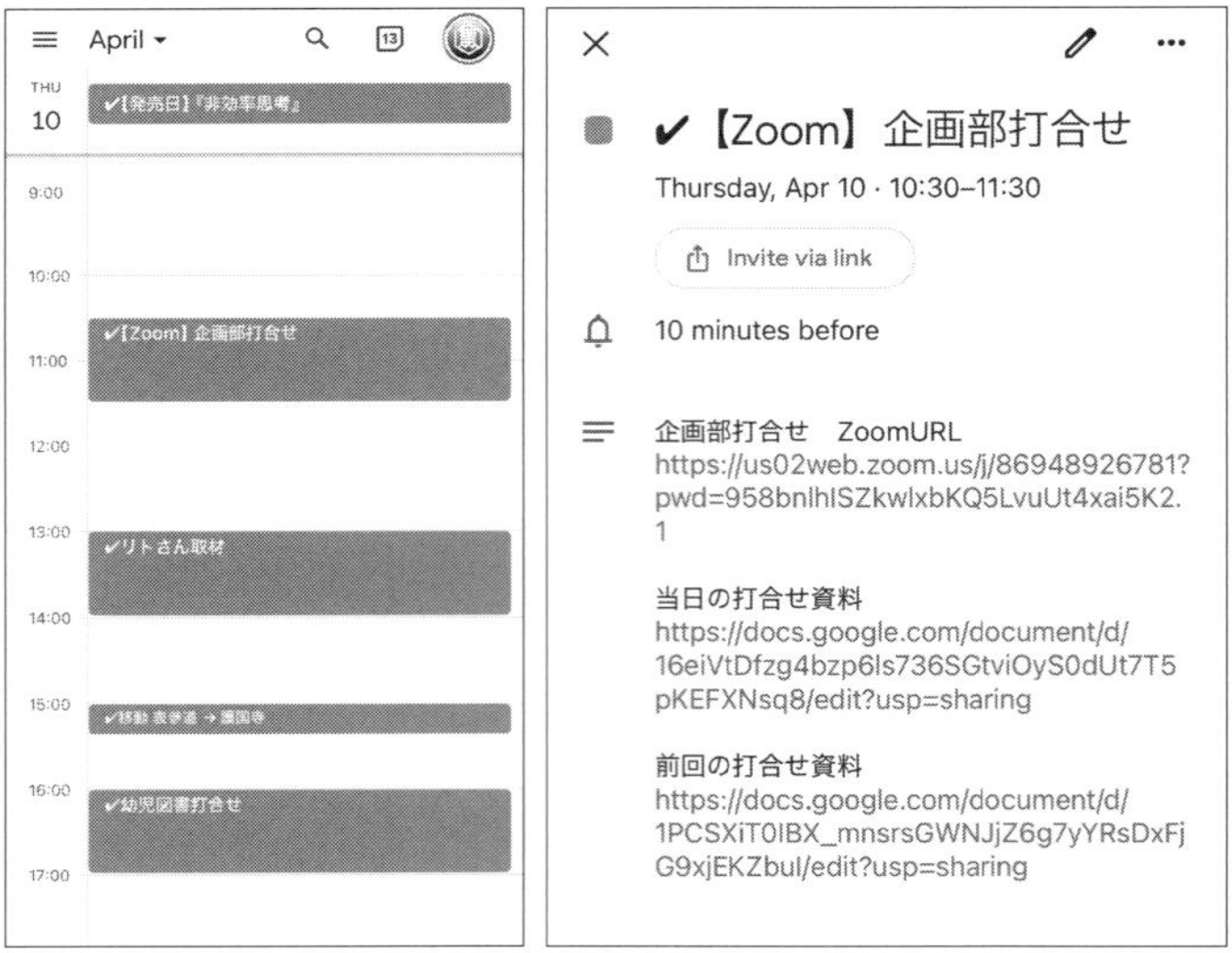

打ち合わせなどの予定はすべてGoogleカレンダーに入力(左)。1つひとつの予定を開くと、それぞれメモスペースがあるので、あらかじめURL化してある関連資料などを貼り付けておく(右)。

こうした細かい工夫が、相手のリクエストに迅速に応える力を支えている。日々のこうした小さな積み重ねが、仕事の成果につながっている。

『「超」整理法』
著：野口悠紀雄　中公新書

非効率ルール

資料や情報は日付順に並べておくと、直感的に取り出せる

達成感を高めるスケジュール管理

移動中にメールが届いて、急に打ち合わせ日が決まったり、変更になったりすることがある。そんなスキマ時間にこそスマホのGoogleカレンダーで確認し、すぐに予定を入れる。

僕がGoogleカレンダーを活用するのは、このスケジュール管理だけではない。Googleカレンダーに入れた予定には、終わったあと、必ず「✓」マークを予定の先頭に入れるようにしているのだ。

【例】

『王様のブランチ』○○さん打ち合わせ

←

✓『王様のブランチ』○○さん打ち合わせ

このチェックは、「打ち合わせで話したタスクをしっかり進められているか」「お願いされた資料を送り忘れていないか」などを確認するためのもの。**勉強でいうところの復習**みたいなものだ。

「細かい」と言われそうなやり方だが、その効果は絶大だ。確認漏れやトラブルになりそうな事態を未然に防いだことが何度もある。

また、何よりも「今日もこれだけしっかり仕事ができた！」と、自分をほめられる気持ちになり、達成感が得られる。この簡単な作業が、仕事のモチベーションを高める大きな力になっている。

非効率ルール

スケジュールを復習し、トラブルを防ぐ

TO DOリストを作らない

数々の本のPRが同時進行しており、膨大な量の仕事をこなさなければならない、という日々を送っている。

けれど、僕はTO DOリストは作っていない。その代わり、「すべてその場で終わらせる」を基本ルールとしている。

第5章でも書いたように、たいていの作業は取りかかってしまえば意外とすぐ終わる。「5分以内で終わらせる」という時間の目標を決めて、とにかく全力で頑張る。

もちろん、すぐに対応できないタスクもある。

完了までに1時間かかるタスクだとして、今、その時間が取れなくても放置はしない。**まずは5分間だけ手をつける**ようにする。

たとえば、1本企画書を立てなければいけなかったとする。その時間がなくても、スキマ時間の5分間だけでいいから概要を考える。箇条書きでいい。ここで、タスクが残ってしまったので、**未来の自分に指示をしておく**。

忘れてはいけないタスクが発生したら、次にいつやるかをすぐ決める。そうしたら、TO DOを件名に入れて、その時間に届くように自分宛てにメール送信の設定をする。

もしくは、すでにメールの受信トレイにあるTO DOは、スヌーズ（リマインダー）機能を活用して、作業する日にメールが届くようにしておく（メールではなくSlackやLINEでも同じ）。

ＴＯＤＯは、作業するその日まで考えないことがポイントだ。

そのあとは、また5分で「お礼のメールを書く」、そのあとの5分で「問い合わせメールに返信する」とタスクを片づけていく。

この方法を徹底することで、ＴＯＤＯリストに頼らず、タスクを効率的に管理できる。結果として、仕事をスムーズに進めることができるようになった。

非効率ルール

目の前の仕事は、まず5分間だけ手をつけておく

受信トレイをゼロにして1日を終える

僕は、メールの受信トレイにはメッセージを残さず、すべてアーカイブすることを習慣にしている。

返信が必要なものは移動時間を活用して迅速に対応。**アーカイブする際には、前述したように、添付ファイルをクラウド（Googleドライブ）に保存したり、予定をカレンダーに登録したりするなど、タスクを完了させて漏れを防ぐ**のだ。

後日の打ち合わせで確認が必要な内容にはスヌーズ機能を使い、打ち合わせ当日の朝に受信トレイに再表示されるよう設定している。この機能は、締め切りのある原稿確認など、リマインドが必要な場面でとくに役立つ。

原稿確認とは、著者が雑誌などのメディアから受けた取材内容や写真に問題がないかを確認する作業のことだ。

たとえば、雑誌から「原稿確認を4月10日までにお願いします」と4月1日に連絡があった場合の流れはこうだ。

まず、原稿を確認し、著者への確認依頼メールを編集者に送る。

その後、雑誌の担当者にお礼のメールを送ったら、そのメールをスヌーズ設定で4月9日の朝に再表示されるようにしておく。

4月9日の朝に受信トレイに表示されるので、その時点で、もし原稿確認について未返信の場合には、すぐに「念のため、確認させてください！　明日が原稿確認の締め切りです。よろしくお願いします！」と、編集者にリマインドメールを送る。

スヌーズ機能は、原稿確認について、メモやカレンダーへの記入を不要にし、管理とリマインドを簡単にしてくれる非常に便利なツールなのだ。

こうして1件ずつ丁寧にメールを処理することで、迅速な対応が可能になり、メディア、著者、編集者にも喜ばれる。さらに、仕事の先送りを防ぐ大きな助けにもなるのだ。

非効率ルール

即返だけでなく、リマインドまで徹底する

10年ぶりの電話を簡単にする方法

「1日10PR」を実現するには、「この企画、提案できる人はいないかな?」と考え、思い浮かんだメディアの人に、すぐ連絡できることが必要だ。スマホの電話帳の中の連絡先を頼りに連絡するのだが、その人に最後にお世話になったのが10年以上も前、ということだってある。

一度会ったきりのメディアの人が、僕の名前を覚えているとは思えない。ためらう気持ちも当然ある。でも「えいっ」と電話をかけたり、メールをしたりする。それができるようになったのは、スマホの電話帳の登録にひと工夫加えるようになってからだ。

「メディア名＋名前」だけでなく、その後に取材してもらった「著者名」を追加するようにしたのだ。たとえば、

「王様のブランチ ○○○さん 黒柳徹子さん」

これだけで、連絡がぐっとスムーズになった。


僕の名前は覚えていなくても、著者の名前なら覚えていることが多い。

たとえば、「黒柳徹子さんを取材いただいた際は、ありがとうございました！」と言えば、過去に担当してもらった企画を思い出してもらえることが多いのだ。

シンプルな工夫が、長い時間を超えた連絡を可能にしてくれる。

非効率ルール

電話帳の登録方法で「1日10ＰＲ」が可能になる

ランニングは「考える時間」

僕は週に2回程度、45分ほどのランニングをしている。ランニングをするときは、スマホは使えないから、**僕はこの時間を「考える時間」として活用している。**

ランニング中は、歩いているとき以上に考えることに集中できる。より自分自身に意識を向け、じっくり考えを巡らせる時間になる。過去の経験を思い起こし、現在の状況と照らし合わせながら、これからの方向性を長期的な視点で考える。

その日の打ち合わせをイメージしながら、話す内容を頭の中で整理したり、企画書の文面を考えたりするのにも最適だ。

さらにランニングにはもう1つのメリットがある。それは、**驚くほど新しいアイ**

ディアが湧いてくることだ。「このディレクターさんにあの著者を紹介しよう！」「このニュースとあの本を紐づけられるじゃないか！」そんなふうにPRのアイディアの種が次々と生まれる。思いついたアイディアは、忘れないようにいったん立ち止まってスマホのメモアプリに記録する。これが僕の大切なアイディアノートになっていく。

なぜ、こんなにもアイディアが生まれてくるのか、ランニングコーチの金 哲彦先生に聞いたことがある。すると、「当然ですよ。走るとき人は、危険を避けるために一歩一歩、瞬時の判断を繰り返していますからね。だから、走ると脳が活性化するんです」と答えてくれた。実際に科学的なエビデンスもあるらしい。走ることで脳の前頭葉が刺激される、という研究もあるのだという。

ランニングは、健康や体力維持のための習慣でもあるが、それだけではない。じっくり思考を深める時間であり、アイディアを生み出す時間でもあるのだ。

非効率ルール

動くと、新しいアイディアが次々に生まれる

僕が紙のノートを使う理由

ここまで、デジタルツールを駆使し、自分に対するタスクを効率化する方法を書いてきた。

けれど、ここでまた非常に非効率な習慣を実践していることを告白しなければならない。じつは、この「非効率タスク」こそが、僕の仕事全体を支える重要な要素になっているからだ。

その習慣というのは、**毎晩、翌日の予定をＡ５判の紙のノートに書き出す**ことだ。

これはスキマ時間ではなく、１日の終わりに、きちんと時間を取って行っている。

ノートの見開き2ページを使って、朝起きてから夜寝るまでの行動を細かく書き出す。こうして、1日の流れを頭の中でイメージし、シミュレーションしながら翌日の準備をする。

たとえば下のような感じだ。

予定は、順番に書くだけで、開始時間を決める必要はない。

当日は、書き出した予定にしたがって行動し、完了した予定を赤いボールペンで1つずつ消していく（次ページ参照）。

4／10（木）晴れ

起きる→トイレ→うがい→水を飲む→コーヒー淹れる→体重測る（68.2kg）→ベッドメイク→Xの作成→投稿→Instagramの作成→投稿→スケジュール確認→クライアント進捗確認1→2→3→4→5→6→7→8→9→10→新規1→新規2→新規3→新規4→新規5→新規6→新規7→新規8→新規9→新規10→朝食→はみがき→globody 1 2 3 4 5→本を読む1 2 3 4 5→Before Sunrise→Duolingo→駅まで歩く→電車→オフィス→【Zoom】企画部打ち合わせ→お昼→はみがき→リトさん取材→電車（原稿チェック）→講談社→幼児図書打ち合わせ→電車→オフィス→明日のノート→今日の自己評価→電車→家まで歩く→家→夕食→はみがき→お風呂→本を読む→英語3行日記→寝る

ある日のノート。1日の終わりに、日付の横に達成度とその理由を書く。

この「予定を消していく作業」が、じつはとても気持ちいい。どんなに小さな予定でも、「できた！」という達成感を得ることができて、それが次の行動へのエネルギーとなる。

この習慣がもたらすメリットは3つある。

①毎日が少しずつ進む安心感

この方法を続けると1日1日を確実に進めている実感が得られる。予定を書き出したノートは捨てずにナンバリングして保存し、努力の結晶としてたまに見返すこともある。

②頭がすっきりして集中できる

デジタルツールを離れて紙のノートを使うことで、頭が整理されて、集中力がぐっと高まる。Googleマップで現在地を確認するように、自分が今日1日のスケジュールのどこにいるかを、このノートで確認することができるのだ。

③自分でコントロールできることに集中できる

他人や環境に振り回されず、自分でコントロールできる行動に目を向けることで、不安が減り、前向きに進められる。

これは、精神科医の志村祥瑚さんの書籍を担当したときに、教わった方法だ。「**他**

者の影響に左右されず、自分ができる行動だけにフォーカスする」という考え方に基づいている。

デジタルツールが主流の時代に、きわめてアナログな方法だと思われるだろう。もちろん僕にとっては、デジタルツールも不可欠なものだ。その一方で、紙のノートに自分の行動を書き出す方法は、仕事に集中して取り組むにあたって他に替えがたい強力な味方になってくれているのだ。

『人生のタネ明かし
成果を出す人に
共通する心の秘密』
著：志村祥瑚　講談社

非効率ルール

1日の流れを頭の中でイメージして翌日の準備をする

朝のルーティン

たとえば、ノートに書いてあることを、もっと具体的に紹介してみよう。朝のルーティンはこんな感じだ。

・トイレ、うがい、はみがき、水を飲む
・コーヒーを淹れる
・ベッドメイク（コーヒーのお湯を沸かしている間に）
・Xの投稿を作成して投稿
・Instagramの投稿を作成して投稿
・1年先までのスケジュールをチェック

・契約している各出版社のPR進捗5分チェック×10社
・朝食
・globodyフィットネス
・5冊の本を各2ページ読む
・好きな映画『ビフォア・サンライズ』を英語字幕で観る
・Duolingo

細かいが、朝起きてから家を出るまでの2時間だけで、これだけの項目がある。前日の夜にノートに書き出したこれらの項目を、翌日完了するごとに赤ペンで消していく。毎日の習慣であっても、わざわざ紙に書き出すことが重要だ。

一見非効率に見えるかもしれないが、**当たり前のことを当たり前と捉えず、しっかり実行できていることを認識することで達成感が得られる。**

「1年先までのスケジュールのチェック」では、まず今週の予定をしっかり確認し、その後、ざっと1年後までのスケジュールに目を通す。5分もかからない作業だが、この方法により、長期的な視点を持って仕事に取り組むことができる。

「契約している各出版社のＰＲ進捗チェック」は、クライアントの進捗状況を確認することだ。毎朝確認し、やるべきことを明確にする。これも時間をあまりかけず、1クライアントあたり5分と時間を決め、短時間で集中して確認していく。

「ｇｌｏｂｏｄｙフィットネス」は、以前担当したエクササイズ本の内容で、筋トレのために毎日行っている。仕事には体力が必要になる。

読書が苦手なため「毎日2ページ」と決めて、5冊の本を少しずつ読んでいる。雑誌の連載を読

『シリコンバレー式
globody
フィットネス』
著：Saya　講談社

むような感覚で、意外と楽しく続けられている。

英語の勉強は本当に大変だ。だからこそ継続を優先し、好きな映画『ビフォア・サンライズ』を英語字幕で繰り返し観ている。また、英語アプリ「Duolingo」もゲーム感覚で取り組んでいる。

朝の時間ですべてをこなすのが理想だが、できないときは日中や帰宅後に行って、赤ペンで線を引くことを楽しみに、なんとか毎日頑張っている。

この朝のルーティンをすべて完了したときは、とても気持ちがよく、エンジンがかかってその日1日の好スタートが切れるのだ。

非効率ルール

朝のルーティンがその日を作る

自分でコントロールできることに集中する

紙のノートに翌日の行動を書き出す最大のメリットである「自分がコントロールできる行動に集中する」ということについて、もう少し詳しく説明する。

人は自分の力で変えられないことに悩みがちだが、それは自分ではどうすることもできない。

たとえば、仕事の商談において、どんなに素晴らしい提案をしても、それが採用されるかどうかは相手次第だ。天気を心配しても変えられないのと同じだ。

では、どうしたらいいのか？　**結果ではなく、自分が全力を尽くしたかに目を向ければいい**のだ。

そのためには、朝起きて雨が降っていたら「今日は映画を観よう」などと気持ちを切り替えるためのルールを作っておく。

同じように、もし、企画が通らなければ「新しい企画を1本考えて、大好きなものを食べに行く！」と決めておくのだ。

このように、他人の決定に振り回されず、自分がコントロールできる行動だけに集中することで、不安から解放され、前向きに進むことができる。

結局、非効率な方法に話が戻ってしまったかもしれない。けれどこの「紙のノートに自分の行動を書き込む」という習慣こそが、「1日10PR」を実践していくための鍵なのは間違いない。

非効率ルール

紙のノートが成功へと近づけてくれる

おわりに
〜本を作って届けることほど、非効率な作業はないのかもしれない

できるのは、小さな行動を積み重ねることだけだ

「お困りごとはありませんか」と声をかける。
1日10件のPRを行う。

僕がしてきたことは、あくまでも「自分が行動できること」。すべて、「自分でコントロールできること」だ。

一方で、番組に取り上げてもらえるかどうか、企画が通るかどうか、といった結果は、僕にはコントロールできない。

僕もかつては、「どうせ失敗する」「どうせ企画は通らない」と、「自分ではどうにもならないこと」を理由に、行動をためらうことがあった。

でも、あるとき気づいたのだ。

「行動するためには、自分ができることに集中するしかないんだ」と。

だから正直に言うと僕は、「ベストセラーにしよう」と考えて仕事をしているわけではない。

僕1人の力で本をベストセラーにするなんてできるはずがない。

それは、著者や編集者、販売、宣伝、メディア、書店、取次、読者……たくさんの人たちがかかわり、それぞれが動くことで生まれる結果だからだ。

僕にできることは、そのきっかけを作ることだけだ。

子どものときは公園で友だちにこう声をかけていた。

「ねえ、あっちの公園にすごい砂山があるんだよ!」

今、僕が周りにかけている言葉も同じだ。

「こんなすごい本があるの、知っていますか？」

そんな一言が、誰かの心を動かし、少しずつ広がっていく。


僕ができるのは、そんな小さな一歩を積み重ねていくことだけだ。

それでも、その小さな一歩を必要としてくれる人がいる。

だから僕はそんな人たちのために、非効率かもしれないけれど、たくさん寄り道をしながら、自分がやれることをコツコツと続けていこうと思う。

本に携わる人たちから学んだこと

書店の朝は早い。

開店前に、雑誌の荷ほどきをする。

家族全員で、雑誌1冊1冊に配達伝票をはさんでいく。

父はそれを配達し、母はお客さん1人ひとりに丁寧に本の紹介をする。

小学生の頃のあの風景が思い出される。

今の僕がしていることは、それと同じだ。

PRする本をあらゆる方法で自分のなかに取り込み、さまざまな手段を駆使して、1つひとつのメディアに説明していく。

「非効率」とは、言い換えるなら、「思いやり」や「愛情」、「思いを届ける」という言葉になるのだと思う。

本を届けるという仕事が、僕は大好きだ。

そして今回、届けるだけでなく、生まれてはじめて自分の本を書くことになった。

書き上げてあらためて思うのは、「本を書くというのは、なんて非効率な作業なのだろう」ということだ。

お金を稼ぐためだけであれば、本を書くことは選ばないほうがいいだろう（きっとまた、税理士さんに怒られる）。

そもそも本というのは、企画の段階から世に出るまでに、1年以上の時間がかかる。長いと、出版まで何年もかかる場合もある。

幾度もの打ち合わせや取材を経て、どうしたら著者のよいところを最大限に引き出せるかを考え抜いて、書き上がった原稿をさらに何度も校正していく。

こまやかなコミュニケーションと、どんなにAIが進化してもなかなか省けない地道な作業の積み重ねが必要だ。こんなに効率の悪い仕事はない。

ただ、本の作り手たちは誰もが、「1冊の本に救われる」という経験をしてきている。「1冊の本が、誰かの人生を変える」というシーンを見てきている。

だからこそ、どんなに非効率な作業であっても、けっして本作りをやめることはないのだろう。

僕は、書店の息子に生まれ、本に囲まれて生きてきた。その非効率さが、今の自分を作っている。

本に携わる人たちから学んだこと。それこそが「非効率だからうまくいく！」だったのだ。

「1日1PR」で明日が変わる

最後に、村上春樹さんの著書『職業としての小説家』に出てくる、僕の好きな言葉を紹介する。

"One day at a time"（1日ずつ着実に）

僕は、この言葉を自分の座右の銘にしている。

1日1日を大切にしながら、着実に続けていくことからしか、新しいことは生み出せないと思うからだ。

この本を読んでくださったみなさんにも、試してみてほしい。

"One PR at a day"（1日1PR）

1日に何か1つ、小さくてもいいので、新しい行動をしてみてほしい。

それが未来の自分へのプレゼントになる。

2025年春　黒田剛

参考文献・資料 ～「非効率思考」を作った本・映画・言葉

はじめに

『本が売れない時代に50万部ベストセラー！スゴ腕PR黒田さんに聞いてみた「どうしたら本は売れますか？」』

https://note.com/kaori_shimoi/n/n8b6b7b74b2db

編集者の下井さんが書いてくれた僕の仕事のやり方についての記事が、予想以上の反響を呼んだ。このnoteがきっかけで、本を出すことになった。

第1章

『ＩＢＭ ＷＡＹ：わが市場創造の哲学』 著：バック・ロジャーズ　ダイヤモンド社

営業マン時代に読んだ1冊の本が、僕の人生を大きく変えてくれた。ただ、今となっては、大切な〝ＩＢＭ方式〟との出合いをくれた本のタイトルをどうしても思い出せない。この本は、そのとき読んだ本ではないが、僕が参考にしたＩＢＭの営業メソッドが書かれている。

『妻のトリセツ』 著：黒川伊保子　講談社

この本がベストセラーになったことで、「1日10ＰＲ」という僕のＰＲスタイルが確立された。

『奇跡の３日片づけ』 著：石阪京子　講談社

取材をただセッティングするだけでなく、番組が求める内容を的確に準備したことで、ＰＲが成功した最初の事例となった。

『ビフォア・サンライズ』 監督：リチャード・リンクレイター

僕が大好きな映画の１本。２人の会話劇だけで進む恋愛映画だが、その会話の１つひとつに仕事で役立つヒントが詰まっており、ＰＲを成功させる大きなきっかけとなった。

『たった3秒筋トレ』 著：中村雅俊　講談社

タイトルを伝えるだけで、メディアの人の興味を引く本。「ちなみに……」と前置きして伝えると、さらに効果的。

『「体幹」ランニング』 著：金 哲彦　講談社

僕がはじめてPRを担当した本。著者にすすめられて挑戦したフルマラソンでは、6時間近くかかり完走（完歩）した。この経験をきっかけに、「著者にすすめられたことはすべてやる」というPRスタイルが確立された。

『すごすぎる 天気の図鑑』
著：荒木健太郎　KADOKAWA

「雲は楽しい」という視点で、防災の大切さを表現することに成功した本。PRするなかで「本当に伝えたいことは、まず楽しむことから始まる」という大切な教えを学び、僕のPRスタイルに大きな影響を与えてくれた。

第2章

『職業としての小説家』 著：村上春樹　新潮社

「1日10PR」など、僕のPRスタイルの原型は、ほぼすべてこの本、とくに村上春樹さんの長編小説の書き方を通して作られた。仕事で壁にぶつかるたびにこの本を読み返す。まさに僕にとってのビジネス書だ。

『つかめ！理科ダマン』
著：シン・テフン、ナ・スンフン　マガジンハウス

読むと自然に子どもが勉強し始める本。宣伝とPRが成功し、シリーズ累計100万部を突破した。本書を通じて、諦めずに届ける努力が、ベストセラーを生み出す力になることを学んだ。

『葉っぱ切り絵コレクション いつでも君のそばにいる』
著：リト@葉っぱ切り絵　講談社

この本でリトさんの人生が変わったように、僕の人生も大きく変わった。リトさんは、著者としてもっとも尊敬する方の1人だ。そして、編集の下井さんと僕を含めた3人は、一緒に駆け抜けた戦友でもある。

第3章

"Steve Jobs iPhone Introduction in 2007"
https://www.youtube.com/watch?v=Fx3Fz6bpi5E

僕がPRを始めたのと同じ年である2007年、iPhoneが発売された。PRを続ける限り何度でも見直す大切な動画だ。

『温めれば、何度だってやり直せる』
著：夏目浩次　講談社

高い志を持ってドン底から這い上がり、目標を達成する著者の姿に刺激を受けた。さらに、その先の高みを目指し続ける姿勢に勇気をもらっている。

『一週間であなたの肌は変わります』
著：石井美保　講談社

石井美保さんが『スッキリ』に出演されたときの衝撃は、今でも忘れられない。石井さんの美肌とともに、本の魅力が一気に広がった。

『科学的根拠に基づく 最高の勉強法』
著：安川康介　KADOKAWA

安川先生がご自身の経験だけでなく、多くの論文を調

査してまとめたこの本には圧倒的な説得力がある。僕自身も語学の勉強や仕事で、この本の内容を大いに活用している。

『ぎょうざが いなくなり さがしています』 著：玉田美知子 講談社

タイトルを見た瞬間に「この本は面白い！」と思った日を忘れられない。第17回MOE絵本屋さん大賞2024 新人賞第1位作品。

『おすしやさんにいらっしゃい！』 著：おかだだいすけ 岩崎書店

著者の岡田さんからお寿司の握り方を教わり、自分で作る体験をしてからメディアに提案した思い出の1冊。

第4章

『トム・ソーヤーの冒険』 著：マーク・トウェイン 岩波少年文庫

ペンキ塗りのエピソードが、とりわけ心に強く残っている。トムの自由な発想力は、今でも僕の憧れだ。

『歩くパワースポットと呼ばれた僕の大切にしている小さな習慣』 著：SHOCK EYE 講談社

SHOCK EYEさんは20歳の頃からの友人であり、僕の人生の恩人だ。人生のターニングポイントでは、いつもそばにいてくれて、励ましやアドバイスを惜しみなく与えてくれた。

『続 窓ぎわのトットちゃん』 著：黒柳徹子 講談社

僕の人生を変えてくれた1冊。黒柳徹子さんの本を担当させていただけたことは、一生の宝物だ。

『スクール・オブ・ロック』 監督：リチャード・リンクレイター

PRという仕事に悩んでいたとき、この作品は、輝ける場所は1つではなく、誰もがそれぞれの居場所を持っていることを僕に教えてくれた。

『明朝体の教室』 著：鳥海修 ブックアンドデザイン

『続 窓ぎわのトットちゃん』の編集者である小沢さんが編集担当だったことが縁で、この本のPRを担当。この本によって「書体設計士」という職業があるということを知った。そして今回、自分の本を出すにあたって、鳥海さんがリーダーになって設計した文游明朝体文麗かな（『続 窓ぎわのトットちゃん』にも使われている）を使うことを決めた。

第5章

『「勝たなきゃ意味がないなんて詭弁だ」イチローが考える〝個〟の重要性』

https://www.youtube.com/watch?v=rim-OwdEyRQ
イチローさんのインタビューを見るのが大好きだ。その言葉1つひとつに重みがあり、参考になることはすべてPRの仕事に生かしている。

『嫌われた監督 落合博満は中日をどう変えたのか』
著：鈴木忠平 文藝春秋

イチローさんと同じくらい大好きでインタビューなどを参考にしているのが、元プロ野球選手の落合博満さん。彼の「基礎を大切にする」姿勢からは多くのことを学んだ。

『1枚15万円、あまりに美しい「葉っぱアート」の世界』
https://toyokeizai.net/articles/-/437324

リトさんとの出会いで、僕の「熱く話しすぎてしまう」というコンプレックスが、PRするうえでは強みになる、と気づけた。

第6章

『書くことについて』 著：野口悠紀雄 KADOKAWA

仕事の資料管理は、すべてこの本で紹介されている『多層ファイリングシステム』を活用している。この方法を取り入れたことで、現在の「非効率なPRスタイル」を確立することができた。

『「超」整理法』 著：野口悠紀雄 中公新書

「分類せずに時系列で並べる」という発想は、発売から30年以上が経った現在でも変わらず、有効で強力な整理法だ。あらゆる場面でこの考え方を活用している。

『ランニングと脳』 著：久保田 競 朝倉書店

走ることが脳に及ぼす影響についての研究が書かれていると、ランニングコーチ金 哲彦先生におすすめされた1冊。

『人生のタネ明かし
成果を出す人に共通する心の秘密』
著：志村祥瑚 講談社

志村さんに教えていただいたノートのおかげで、仕事の密度が大きく変わった。使い始めて約5年が経つが、もうこのノートなしの毎日には戻れない。

『シリコンバレー式 globodyフィットネス』
著：Saya 講談社

PRを担当するにあたって、著者のSayaさんが提唱するエクササイズを実践し、6kg痩せた。この体験を伝えることで多くのメディアに取り上げられた。今でもこの習慣を毎日続けている。

黒田 剛 GOU KURODA
非効率家／書籍 PR
株式会社 QUESTO 代表
1975年、千葉県で「黒田書店」を営む両親のもとに生まれる。須原屋書店学校、芳林堂書店外商部を経て、2007年より講談社にて PR を担当する。2017年に独立し、PR 会社「株式会社 QUESTO」を設立。講談社の『妻のトリセツ』（黒川伊保子）は、シリーズ累計70万部を超えるヒットを記録。『いつでも君のそばにいる』（リト@葉っぱ切り絵）をはじめとする葉っぱ切り絵シリーズは累計30万部を突破。『続 窓ぎわのトットちゃん』（黒柳徹子）は、発売２ヵ月で50万部突破。その他、KADOKAWA、マガジンハウス、主婦の友社、岩崎書店など、多くの出版社にて PR を担当。非効率ながらも成果を出す独自の仕事術をセミナーなどを通して伝えている。https://questo.co.jp

非効率思考《ひこうりつしこう》

相手《あいて》の心《こころ》を動《うご》かす最高《さいこう》の伝《つた》え方《かた》

2025年４月８日　第１刷発行

著　者：黒田《くろだ》 剛《ごう》
発行者：清田則子
発行所：株式会社講談社
〒112-8001 東京都文京区音羽2-12-21
販 売：☎ 03-5395-5817
業 務：☎ 03-5395-3615
編　集：株式会社講談社エディトリアル
代表 堺 公江
〒112-0013 東京都文京区音羽1-17-18 護国寺 SIA ビル6F
☎ 03-5319-2171
印　刷：株式会社新藤慶昌堂
製　本：株式会社国宝社

KODANSHA

©Gou Kuroda 2025 Printed in Japan 303p 18㎝　N.D.C.674　ISBN978-4-06-538889-1